孩子，
你是在为自己读书

培养孩子读书热情，解决孩子成长烦恼

姜波◎著

吉林出版集团股份有限公司

图书在版编目（CIP）数据

孩子，你是在为自己读书 / 姜波著 . 一长春：

吉林出版集团股份有限公司，2017.12

ISBN 978-7-5581-3988-8

Ⅰ.①孩… Ⅱ.①姜… Ⅲ.①学习心理学—青少年读物

Ⅳ.① G442-49

中国版本图书馆 CIP 数据核字（2017）第 286290 号

孩子，你是在为自己读书

著　　者	姜　波	
责任编辑	齐　琳　史俊南	
封面设计	颜　森	
开　　本	710mm×1000mm　1/16	
字　　数	169 千字	
印　　张	14	
版　　次	2018 年 12 月第 1 版	
印　　次	2018 年 12 月第 1 次印刷	

出　　版	吉林出版集团股份有限公司
电　　话	总编办：010-63109269
	发行部：010-69584388
印　　刷	三河市龙大印装有限公司

ISBN 978-7-5581-3988-8　　　　　　　定价：39.80 元

如出现印装质量问题，调换联系电话：010-59625116

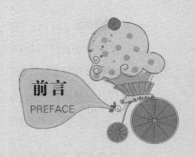

前言
PREFACE

很多人把人生比作一次旅行，现在和未来只是此刻和下一站的区别。

多么长的行程啊！许多东西都需要提前准备。父母忙着将知识、聪慧、勤奋……一股脑儿地装进我们的行囊，因为下一站我们就将独自前行。

但常常，这样的安排反倒激起我们的叛逆，关爱变成了沉重的压力。读书只是大人的愿望。

我们多想抛开这所有的期盼和要求，让自己彻底放松一下，使自己重新属于自己。可这样的时刻来了，我们又不免迷茫，浑浑噩噩找不着方向……

不如，让我们换个思路！不要想家长，也不要想老师，想想我们自己的需求与渴望！

你想要的是一个怎样的未来呢？是成为一位优秀的建筑设计师，用一支小小的绘图铅笔指点江山，让一座座实用雅致的建筑装点我们的生活；还是变成一名学识渊博的教师，用多年所学哺育一方桃李；或是拥有一间自己的公司，在商海中沉浮、壮大……

世界无穷大，天高任鸟飞，我们可以选择去任意一片天空驰骋！

可是，你准备好了吗，还是只是背着一只空空的行囊？

未来无限精彩，你将如何抵达？

不要抱怨父母和老师的啰唆，不要抱怨学校捆住了你的手脚，请试着和他们一起看看未来。你会知道，未来世界，没有知识的人将得不到尊敬，知识和技能是你走向未来社会的最好通行证，所有卓越的人生都起始于平常的学习。

就好像行走在野外的人不可以没有指南针的牵引，我们美好的前程也不能缺少知识光芒的照耀！

我们是在为自己的未来读书！

达·芬奇曾经善意地提醒年轻人："趁年轻少壮去探求知识吧，你将弥补你由于年老而带来的亏损。"

读书的路程并不是一帆风顺的，途中会不断遇到难题和困惑。那么，考验你的时候到了！想想未来的壮阔蓝图吧，要梦想成真，就需要付出卓越的行动！

读书对你来说是一件有乐趣的事吗？如果学习中遇到挫折，比如考试失利、努力了成绩却没有提高这样的情形发生，你会怎么样？是不是很焦急，很有挫败感，然后一点点放弃努力？

再坚持一下！学习一定是有方法的，首要的一条就是要树立自信！

让我们把读书想成是一件快乐的事，先从自己比较有把握的学科开始学起，逐渐培养起对读书的兴趣，认真地为自己哪怕是一丁点儿的进步鼓掌！

请做一个学习的有心人。只要功夫深，铁杵磨成针。聪明却不肯用功，这没有什么可骄傲的，在这个世界上，比天才更有力量的是积极主动的人；安排好你的时间，就等于提前预约到了成功，如果你总是坐在时间的岸旁看它流逝，最终你将什么也把握不住。

我们都知道功夫大师李小龙，他最令人称绝的截拳道无形无式，大道至简，却有着极强的灵敏度和爆发力。他阐释截拳道要义的一段话或许可以对我们的学习有所启发，李小龙说："如果你尝试去硬记住某些东西，你注定会失败。你应当倾空你的思想，要无形无式，像水一样。你把水倒进杯中，它就成为杯子的形状；把水倒进茶壶，它就成为茶壶的形状。水能够静静地流动，也能够奔腾冲击！"就像每一届奥运会当中，每场比赛都有规则，每种动作都有要领，而当运动员将这一切都烂熟于心的时候，他将超越一切，成就另一个高度的自我！

师傅领进门，修行在个人。学习也是这样，起初必然是从蹒跚学步开始，从有老师的指导开始。而最后能否化茧成蝶，则全在于自己是否努力！

蝴蝶历经苦痛破茧而出，却只有两周左右的生命，时间诚然短暂，但它获得了脱胎换骨的美丽。

相比之下，读书所付出的辛苦不足一提，读书却一样切实有效地改变着我们的命运，让我们的生命一路璀璨！

总之，读书是为实现自己的梦想，读书是为自己的未来，其他的顾虑大都可以放在一边。确立一个远大的理想，制定一个现实的目标，然后立即行动，一路向前！相信你一定行！

目录
CONTENTS

第三章

不是学习折磨你，而是你误解了学习

第四章

学习虽痛苦，也有快乐在其中

第九章

让优秀成为一种习惯

第十章

你并不是一个人在奋斗

第十一章

知行合一，为未来而学

第十二章

优秀的人铭记一生的 9 句箴言

第一章

10 年之后你想成为谁

⊙ 没有目标，生活将变得毫无意义

⊙ 锁定目标，坚定信仰

⊙ 有方向要坚定，没方向要试行

⊙ 学会分解目标，做 10 年之后最优秀的人

⊙ 永远不要让你的眼睛离开目标

⊙ 设定好路线，然后烧掉地图

没有目标，生活将变得毫无意义

　　塞缪尔·斯迈尔斯博士是哈佛大学的心理学教授，他虽然已经年近70岁，却依然保有一颗年轻的心。在接受一个年轻人的采访时，他道出了自己保持"年轻"的秘密——树立目标。

　　"很多年以前，我遇到过一个中国老人。"斯迈尔斯博士缓缓地说，"当时正值'二战'时期，我被关在远东地区的俘虏集中营里。那里的情况很糟，简直无法忍受，食物短缺，没有干净的水，目力所及全是患痢疾、疟疾等疾病的人。炎热的天气使得有些战俘根本无法忍受身体和心理上的折磨，对他们来说，死亡已经变成了一种解脱。我自己也想过一死了之，但是有一天，出现了一个中国老人，他的出现使我重新生出了求生的意念。"

　　年轻人被斯迈尔斯博士的讲述深深地打动了。

　　斯迈尔斯博士接着说："那天，我坐在囚犯放风的广场上，身心俱疲。我心里想，爬上通了电的围篱自杀，是多么容易的一件事啊。想到这里，我才突然发现我旁边坐了一个中国老人。当时我太虚弱了，还恍惚地以为是自己的幻觉呢，毕竟那儿是日本的战俘集中营区，里面怎么可能出现中国人呢？就在这时，这位中国老人转过头来，问了我一个问题，一个非常简单的问题，却救了我的命。"

　　年轻人马上提出自己的疑惑："什么样的问题能够救人一命呢？"

　　"他问的问题是：'你从这里出去之后，第一件想做的事情是什么？'我从来都没有想过这个问题，也不敢想，但是我心里却立刻有了答案：再看看我的太太和孩子们。想到这一点时，我突然间认为自己必须活下去，因为这件事值得我活着回去做。这个问题救了我一命，因为它给了我一个我已经失去的东西——活下去的理由！从那时起，活下去变得不再那么困难了，因为我知道，我多活一天，就离战争结束近一点，也离我的梦想近一点。"斯迈尔斯博士继续说，"中国老人的问题不只救了我的命，还教会了我从来没有学过却是最重要的一课。"

"是什么？"年轻人问。

"目标的力量。"

"目标？"

"是的，目标、企图、值得奋斗的事。目标让我们的生活有了方向和意义。当然，我们也可以没有目标地活着，但是要真正地、快乐地活着，就必须有目标。伟大的思想家爱默生曾说过：'没有目标，日子便会像碎片般消失。'"

在一个人的一生当中，目标的确扮演着非常重要的角色。它是一种持久的热望，是一种深藏于心底的潜意识，能够长时间地调动一个人的心力和创造激情。一旦拥有这种热望，人们就会产生一种原子能般的动力。一想到它，人们就会为之奋力拼搏，尽力完善自我，即便遇到艰难险阻，也不会轻易地将"不"字说出口。为了实现目标，人们会勇敢地超越自我，跨越障碍，努力闯出属于自己的一片天。那些拥有明确目标的人，往往离成功也很近。每一天的努力，都让他们离目标更近一点，只要有合适的机遇，他们就能在平庸的人群中崭露头角。而那些没有目标的人，他们每天只不过是机械地重复过去的生活，得过且过，还经常把抱怨挂在嘴边。

采访结束后，塞缪尔·斯迈尔斯博士给这个年轻人讲述了哈佛大学在1953年所做的一项调查。

1953年，哈佛大学的一些教授选择了一群在智力、学历、环境等方面都相差无几的学生，对他们进行了一次有关人生目标的调查，想了解一下目标对一个人的影响。调查结果表明：27%的人没有目标，60%的人目标模糊，10%的人有明确的短期目标，3%的人有明确且长远的目标。

25年后，哈佛大学对这些学生进行了跟踪调查，调查结果如下。

3%有明确且长远目标的人，一直朝着同一个方向努力，后来全都成为社会各界的顶级成功人士，其中不乏白手创业者、行业领袖、社会精英。

10%有明确的短期目标的人，他们一般都有一份不错的工作，如医生、律师、公司高级管理人员等，属于社会的上层人士。

60%目标模糊的人，他们生活在社会的中下层，虽然能够安稳生活，却未取得什么成就。

27%没有目标的人，他们生活在社会底层，经常面临失业的窘境，生活很不如意，家庭生活也不幸福，总是抱怨社会和他人。

说完这些，塞缪尔·斯迈尔斯博士不禁感慨万分："一个人真正的人生之旅是从设定目标的那一天开始的。只有设定了目标，人生才有了真实的意义。"

塞缪尔·斯迈尔斯博士告诉那个年轻人："一个没有目标、志向和理想的人，就像一艘没有舵的船，遇到的风都是逆风，永远漂浮不定。"

在做一件事情时，有些青少年朋友不但没有给自己树立一个目标，还对自己说："我根本做不到。"结果真的没有做到。如果你相信自己，并且一开始就给自己设定一个目标，那么做起来就容易得多。

因此，从现在开始，不要再说"我做不到"，只管大胆地设定一个目标，然后朝着目标前进就可以了。

锁定目标，坚定信仰

如果说成功是每一个追求者的热烈企盼和向往，那么目标就是获得成功的基石，因此一个人要想成就一番事业，必须要有一个明确的目标。在实现目标的过程中，遇到艰难险阻是常有的事，因此目标明确固然重要，但是坚定的立场和信仰更重要，它们是支撑我们不断前进的动力。只有锁定目标不动摇，并且坚定自己的信仰，才能抵御外界事物的干扰，发掘出自己深藏的潜力，将目标变成现实；相反，如果信仰不坚定，一遇挫折便放弃既定目标，甚至连目标都没有，就难以积极地行动起来，自然也难以取得什么成就。

戈德15岁时，偶然听到年迈的祖母非常感慨地说："我这一生没什么目标，如果我年轻时能多尝试一些事情就好了。"

戈德决心自己绝不能到老了还有像老祖母一样无法挽回的遗憾。于是，他立刻坐下来，详细地列出了自己这一生要做的事情，并称之为"约翰·戈德的目标清单"。

他总共写下了127项详细明确的目标，其中包括10条想要探险的河流、17座想要征服的高山。他还想走遍每一个国家，再学会开飞机、骑马、弹钢琴、乘坐潜艇、读《大英百科全书》，甚至读完《圣经》，再读一读柏拉图、亚里士多德、狄更斯、莎士比亚等十几位大家的经典著作。当然，还有重要的一项，那就是结婚生子。

身边的朋友嘲笑他，认为他不过是被热血冲昏了头脑，甚至认为他连这些目标的零头都无法完成。然而，戈德却没有在意这些，他下定决心要实现清单上所有的目标。

从此以后，他每天都把这份"目标清单"看上几遍，直到把它牢牢记在心里，倒背如流。在实现目标的过程中，他也像其他渴望达成自己目标的人一样遇到了很多困难和挫折，但是他却始终都没有动摇过，他坚信自己一定能够达成自己的那些目标。在前一个目标没有完成的时候，戈德从不着手为下一个目标做准备，他的每一天都在充实中度过。

　　戈德的这些目标，即使在半个多世纪后的今天来看，仍然是壮丽而又不可企及的。那么，他究竟完成得怎么样呢？在戈德去世的时候，他已环游世界4次，实现了103项目标。他以一生来述说自己人生的精彩和成就，照亮了世界上更多人心中的梦想。

　　你是否也像戈德一样，一旦确立了自己的目标，就坚定不移地守护着它，直到通过不懈的努力把它变成现实的那一刻为止呢？

　　无论前方有多少艰难险阻，那些成功者都能坚定自己的信仰，朝着既定目标坚定不移地前进，直至到达目的地。我们也应该如此，在遇到阻力时，我们也要锁定目标，坚定信仰，以坚忍不拔的意志披荆斩棘。

　　锁定目标能够让我们心无旁骛地朝着目标前进，坚定信仰可以使我们始终充满斗志。尤其是信仰，它对目标的实现具有非常重大的意义。甚至可以说，在实现目标的过程中，没有任何东西可以取代信仰。

　　一般来说，人们都能够忍受暂时的困难、短暂的痛苦，但是当希望渺茫而又伴随着旷日持久的痛苦时，只有拥有坚定信仰的人才能坚持到最后。在信仰的持续推动下，人能够始终处于一种昂扬激奋的状态之中，去积极地创造，并全神贯注地投入其中，向着美好的未来挺进。现代人际关系教育的奠基人卡耐基指出："世界上大部分的重大事情，都是由那些在似乎一点希望也没有时，仍继续努力的人们所完成的。"

麦当劳连锁快餐的韦尔斯也曾讲过关于信仰的话，他说："只凭天分是不能够取得成功的，这世上怀才不遇的人多得是。教育也并不能够取代毅力和忍耐力，在今日的社会中，不是有很多自暴自弃的读书人吗？只有锁定目标，坚定信仰，才能拨云见日，取得最后的成功。"

在教学生涯中，马尔登教授也见到过许多目标明确、聪明绝顶却在实现目标的途中放弃努力的"天才"学生，为此他深感惋惜。

因此，马尔登教授告诫他的学生们："一个人要想成功，首先在于他有一个目标，并把它内化成一种信仰，然后坚定不移地去实现它。为了鼓励自己继续前进，你们可以想象一下克服阻力时所能感受到的快乐……只要积极投身于实现目标的具体实践中，你就能坚持到底。"希望这句话可以给那些想要取得成功的学子一些启发。

有方向要坚定，没方向要试行

卡迪和迈克都是航海爱好者。有一次，他们俩准备了一些水和食物，又一次踏上了航程。不过，就在距离目的地还有一半的路程时，船上的导航仪却失灵了。由于他们准备得不够充分，水和食物都不富余，连航海图都没有带，因此卡迪就生出了原路返回的念头。迈克却不同意这么做，他凭借自己丰富的经验，认为即便没有导航工具他们也能到达目的地。经过一番商议，他们最终一致决定继续航行，并选择了两条最有可能到达目的地的线路。迈克认为，只需要顺着这两条线路各走 1/3

的路程，就能知道他们所选择的道路是否是正确的。于是，他们就试着这么做了，最后果然在水和食物消耗完以前顺利地到达了目的地。

一个人的一生是以目标作为驱动力的，在人生的竞技场上，一个人无论多么优秀、素质多么好，都必须制定一个明确的目标，而后以坚定的姿态去实现这个目标，不管你在这个过程中遭遇的是狂风还是暴雨。当然，谁都不能保证，在人生的最初阶段，你就拥有为之献身的明确的目标，也许会有短暂的迷茫，一时不知道自己适合做什么，哪一条路适合自己，这就需要你通过多次的摸索不断地试行，直到找到既切实可行又适合自己的道路为止。

德鲁·吉尔平·福斯特不但是一位女校长，还是一名历史学家，她善于用历史的眼光看待现实。她认为，当今世界处在不断地变化之中，高等教育也必须适应这种变化。

她说："人们目前所面临的选择，是怎样去定义成功才能使它具有或包含真正的幸福，而不仅仅是金钱和荣誉。有些人担心，报酬最丰厚的选择也许并不是最有价值的和最令人满意的。还有一些年轻人担心，如果成为一个艺术家或一个演员，一个人民公仆或一个中学老师，应该怎样生存下去呢？然而，你可曾想过，如果你的梦想是在新闻界有一番成就，那么你怎样才能找到那条通往梦想的道路呢？

"答案是：'如果不试行一下，你就永远都不会知道。'如果不去追求你认为最有价值的事，你终将后悔。人生路漫漫，你总有时间去给自己留'后路'，但可别一开始就走'后路'。"

福斯特校长之所以能取得卓越的成就，一方面是她了解自己所要追求的是什么，一方面是福斯特校长敢于尝试和探索，她能够成为哈佛大学唯一的一位女校长，其中一个原因也正在于此。

其实，综观历史，许多成就非凡的人也并不是一开始就有明确的人生方向。比如，英国诗人华兹华斯，他也曾经经历过人生的彷徨。刚上大学时，他经常为了未来的生计感到恐惧，所幸他并没有自暴自弃，而是不停地读书、写作、与有见地的人交谈，试图找到自己的理想。终于，在一个夏日午后，他写出了《咏水仙》这一鸣惊人的作品。

还有那些孩子们，他们在看到别人走路、交谈、读书、唱歌、骑车时，也往往会下意识地决定将来一定要学会这些本领。虽然这种决心并非刻意而为，但是从某种意义上说，它已经算是对目标的一种尝试。只要孩子们多次进行这种尝试，就不难如愿以偿地学会他们渴望学到的本领。

而有些人则不同，他们既没有方向，又不敢冒险，只是盲目地走上了一条看似平坦的路，最终在平庸之中度过一生。

人生的目标因人而异，各有不同，但是无论如何，你都必须试着确立一个属于自己的目标，并为了实现它而矢志不移地前行，而不能总是漫无目的地四处徘徊。《荷马史诗》中有这样一句至理名言："没有比漫无目的地徘徊更令人无法忍受的事了。"很多人做着毫无方向的事情，过着漫无目的的生活，而这种没有方向的人生，是注定要失败的。

正如比克力教授不止一次地提醒他的学生："如果你已经确定了目标，就坚定地走下去，不要放弃；如果还没有确定，就不断地摸索、尝试，直到找到适合自己的人生方向为止。在试行的过程中，或许会出错，或许会失望，但是只要你始终不放弃努力，在确定目标之后还能将这股执着坚持到底，就一定能收获丰硕的成功之果。"

学会分解目标，做10年之后最优秀的人

在面对一个巨大的目标时，我们内心产生的往往并不是强大的动力，而是很强的畏惧心和压力。事实的确如此，有时候，一个宏伟的目标就像一块巨石，压得我们喘不过气来，让我们开始怀疑自己的能力，甚至使我们生出放弃的念头。

其实，只要我们学会把看似庞大的目标分解成若干个小目标，并且逐个实现它们，就会轻松许多，因为实现小目标的过程就是积累成就感的过程，能够令我们生出朝下一个目标前进的动力。学会分解目标不仅是人生的智慧，也是实现理想的秘诀之一。只有那些懂得分解目标的人才能在人群中脱颖而出，做10年后最优秀的人物。

在1984年东京国际马拉松邀请赛中，名不见经传的山田本一以日本选手的身份出现在了赛场上，可谁知比赛结束之后，他却出人意料地夺得了世界冠军。

记者问他是如何取胜的，他只说了一句话："我是用智慧战胜对手的。"当时，很多人都认为山田本一是在故弄玄虚，毕竟马拉松主要是凭借体力和耐力取胜的一种运动，爆发力和速度都在其次，只要选手的身体素质好、耐力够，就有成为冠军的希望；至于智慧，对马拉松比赛来说好像根本就是多余的。所以，许多人都认为山田本一的说法实在有些牵强。

2年后，意大利国际马拉松邀请赛在意大利北部城市米兰举行。山田本一代表日本参加比赛，并且再度获得了世界冠军。面对山田本一时，记者再度问到了他获胜的关键。性情木讷的山田本一不善言辞，所以这次的回答还是和上次一样："用智慧。"这一次，记者们并没有在报纸上挖苦他，只是仍然对他

所谓智慧的说法一头雾水。

10 年后，山田本一在他的自传中明白地解释了他的"智慧"："每次比赛前，我都会先把比赛的路线仔细地看一遍，并且把沿途比较醒目的标志记下来。比如，第一个标志是银行，第二个标志是一棵大树，第三个标志是一座红房子……就这样一直记到赛程的终点。

"等到真正比赛时，我会奋力地向第一个目标冲刺，在到达第一个目标后，再用同样的速度跑向第二个目标……只要把大目标分解成一个个小目标，不管多远的赛程，都可以轻松地跑完全程。

"刚开始时，我不明白这个道理，把目标定在了终点，结果跑不到十几千米便疲惫不堪，被前面遥远的路程给吓倒了。"

山田本一说得没错，许多心理学家也通过实验证实了他的话，并得出了这样的结论：当目标被分解时，人们能够不断地把自己的行动和目标进行对比，在意识到自己可以轻易地缩短行进速度与目标之间的差距时，人们的行为动机就会得到维持和加强，促使人们自觉地克服一切困难，努力达到目标。

确实，要达到目标，就要把大目标分解成多个易于实现的小目标，就像上楼梯要一步一个台阶一样。每前进一步，达到一个小目标，就会体验到成功的喜悦，这种喜悦将推动人们充分调动自己的力量，积极地奔向下一个目标。

许多成功人士，都把"目标"当作自己重要的成功秘诀。不过，只有目标还不够，还需要把它分解成小目标，然后一个个地实现它们。也只有像这样分解大目标，我们才能始终以不变的斗志和进取心面对一个又一个挑战，最终轻而易举地获胜。

在一项针对 2000 名学生的跟踪调查中，那些将大目标分解为几个小目标的人，目标的实现程度更高。因此，我们在制定目标的时候，可以按照"分解法"使目标更具操作性。

第一步，将目标具体化。如果只是笼统地说"我想上大学"，这是没有用的，一定要树立"我要考上哈佛大学"这样明确的目标，然后将目标分解。比如，把5年目标分成5份，变成5个一年目标，这样你就可以确切地知道从现在到明年的此刻你必须完成的学习任务了。

第二步，将每年的目标分成12份。进一步细分每年的目标，这样你就能更清楚地了解从现在到下月的此时你应该完成什么任务了。

第三步，将每月的目标分成4份。这么一来，你就可以知道下个星期你应该做什么了。

第四步，将每周的目标分成5～7份。用哪个数字划分，完全取决于你打算每周几天用来学习、几天用来娱乐。如果喜欢一周学习7天，则分成7份。如果认为5天就足够了，也可以分成5份。

把每年、每月乃至每周的目标都清清楚楚地列出来，不但使目标变得具体、可行，还能督促你锁定目标，全力以赴地完成它。此外，分解目标还可以减轻你因为茫然不知所措而产生的烦躁。每天都按照这个步骤行事，年复一年地坚持下去，还有什么事是你做不成的呢？

确立了目标并且懂得将目标进行分解的人，才能更好地坚持下去，将心中的蓝图变成实实在在的足迹。

渴望成功的莘莘学子，你们要想成为10年之后的优秀人士，现在就行动起来，将目标细化，然后逐个去实现它们吧。

永远不要让你的眼睛离开目标

你们想成为什么样的人，就有机会成为那样的人。不过，只有始终紧盯着目标不放的人，才能得到命运的青睐。在实现目标的过程中，你们一定要经常用这句话来鼓励自己，直到它变成你生命的一部分为止。因此，你们一定要让自己的目光专注于目标本身，并把全部的精力贯彻到行动当中，不断地激励自己朝着目标前进，而不能有丝毫的松懈，也不要浪费一丝精力在自我怀疑上，更不要因为任何原因灰心失望。如果你们这么做了，将会发现那些阻挡在目标前方的犹豫都将烟消云散，你们也在不知不觉中成了自己想成为的那个人。

弗拉伦兹·恰克是第一个横渡英吉利海峡的女性。1952年7月4日，她决定再次挑战自己，她在浓雾当中走下加利福尼亚以西20海里的卡塔林纳岛，向加州游去，想成为第一个横渡卡塔林纳海峡的女人。

当时雾很大，她甚至看不见领航的船只。海水冻得她浑身都麻木了，海中还有鲨鱼在时刻威胁着她。15个小时过去了，她觉得自己再也坚持不下去了，就想到了放弃。她的母亲和教练在另一条船上，他们都告诉她海岸就在前方，让她不要放弃。她向前方望去，发现除了浓雾什么也看不到，于是她放弃了。

到了岸上之后，她渐渐地觉得暖和起来了。这时，她才发现，人们拉她上船的地点，离加州海岸只有半英里。

一时间，她受到了失败的打击。

后来，她不无懊悔地对记者说："说实在的，我不是为自己找借口，如果当时我能看见陆地，也许我还可以坚持下去。"

其实，令她功亏一篑的不是疲劳，也不是寒冷，而是她在浓雾中看不清目标。在弗拉伦兹·恰克的一生当中，只有这一次没有坚持到底。

两个月后，她成功地游过了同一海峡。

如果弗拉伦兹·恰克能够坚信自己可以横渡卡塔林纳海峡，或许她就不会在与成功近在咫尺的时候放弃了。不断的自我怀疑和犹豫，不但会增加你的阻力，还会让你一时忘记甚至丢掉自己的目标，迷失在前进的道路上。

要想实现目标，必须心无旁骛，盯紧自己的目标。

当亨利·福特在底特律生产汽车并进行试车时，许多人都对他冷嘲热讽，说汽车是既昂贵又不实用的东西，谁会为了那个"会跑的铁盒子"掏腰包呢？

然而，福特却不为所动，并且信心十足地预言："在不久的将来，汽车会跑遍整个地球。"现在看来，福特的预言已经成了事实。

在开发引擎时，福特又面临一个巨大的困难。他想制造一个8汽缸的引擎，可是当他向工程师们提出这一构想时，却遭到了大家的一致反对。工程师们告诉他，根据理论，8汽缸引擎的制造是不可能的。

但是，福特却坚信可行，他要求工程师们不管花多少时间和代价，一定要开发出来。在福特的坚持下，工程师们不断地研究和试验，整整花了1年多的时间，终于完成了8汽缸V型引擎的制造。

一旦认准了一个目标，就不要因为别人的反对而犹疑不决，只要你的眼睛始终不离开目标，就能增加成功的可能性。

当你牢牢地盯住自己的目标时，你会惊奇地发现自己的干劲增强了，自信心也在不断提高，工作做得比过去更好，人际关系也朝着好的方向转变了。

在实现目标的过程中，如果你总是疑心重重，不妨从现在就开始改变，紧紧地盯住自己的目标，并尝试着忽略所有消极的想法和他人的嘲笑，保持锐意进取的姿态。时间一长，你就会发现你正在逐渐靠近期待中的自己。

设定好路线，然后烧掉地图

出版界的名人杰瑞·霍夫曼曾做过一场主题为"沿着路线向目标迈进"的演讲。在演讲过程中，这位成功人士说起了他小时候的一段经历。

小学六年级的时候，有一次考试我得了第一名，老师奖励了我一本世界地图。我很高兴，一跑回家就一边烧洗澡水一边看这本世界地图。

埃及有金字塔，有尼罗河，有法老，还有很多神秘的东西。我心想，等我长大了，一定要去埃及。可是，就在我正看得入神的时候，突然有一个人从浴室冲出来，大声地对我说："你在干什么？"我抬头一看，原来是爸爸，就说："我在看地图！"爸爸听了，"啪啪"给了我两个耳光，生气地说："看什么地图！火都熄了，赶紧生火！"接着，又朝我的屁股踢了一脚，表情严肃地说："我跟你保证！你这辈子都不可能到那么遥远的地方去！赶紧生火！"

我呆呆地看着爸爸，心想："爸爸怎么会给我这么奇怪的保证呢？难道我这一生真的不可能去埃及吗？"

20年后，我第一次出国就去了埃及。当时，我的朋友都问我："为什么要去埃及？"我说："因为我的生命不要被保证。"

到了埃及，我来到金字塔前面的台阶上，在一张明信片上写道："亲爱的爸爸，我现在在埃及的金字塔前面给你写信。

记得小时候，你打了我两个耳光，踢了我一脚，保证我不可能到这么远的地方来，可我现在就坐在这里给你写信。"

写这些话的时候，我内心百感交集。

我爸爸收到明信片时，对我妈妈说："哦！这是哪一次打的，怎么那么有效？竟然一脚把他踢到埃及去了。"

杰瑞·霍夫曼先生说，他之所以能够取得如今的成就，就是因为他不愿意被别人保证，而是渴望不断地超越自己。为了实现这一梦想，他确立了一个明确的目标——到埃及。从此以后，他就有了前进的方向，知道了自己的人生道路应该怎么走，最终要到达哪个目的地。多年之后，虽然那份世界地图早已残破不堪，但是他却始终记得自己当初设定的行动路线。经过不懈的努力和坚持，他最终把梦想变成了现实。

讲完自己的这段经历，杰瑞·霍夫曼先生说，一个人制订什么样的人生计划，选择什么样的生活道路，也就是在设计自己的人生道路应该向着什么方向走、怎么走，那些在某一领域取得了一定成就的人，往往都能自觉按照自己设定的路线探索前行，不断地扩展、冶炼、筛选他们对世界的理解，所以他们往往更容易成功，他们的人生也更丰富多彩。

每个人都可以拥有自己的梦想。为了实现它，我们不妨为自己描绘一张行动地图，并设定一条切实可行的路线，然后沿着这条路线不断前进。为了不给自己留后路，让自己义无反顾地朝着目标进发，最好能够牢记到达目的地的路线，然后烧掉"地图"。只要心中有目标、有前进的路线，即便没有了"地图"，我们也不会感到迷茫，反而能够不顾一切地到达一个又一个高峰。当我们一步一个脚印地靠近目标时，成就感会使我们更加信心百倍地前进。

第二章

你究竟是在为谁读书

⊙ 要求你的是父母师长，受益的是你自己

⊙ 用心读书，就是对自己的未来负责

⊙ 文凭不等于水平，却是必要的敲门砖

⊙ 不喜欢老师而放弃，害的是你自己

⊙ 学习也有"复利效应"

⊙ 成长比成功更重要

⊙ 做一个终身学习的人

⊙ 读书是家族的重大传承

要求你的是父母师长，受益的是你自己

父母老师经常会对我们说：读书是为了我们自己。但是有时，我们觉得事实不是这样，成绩并不完全和自己的感受挂钩，成绩好的同学可能并不快乐，成绩不好的同学有时却能开心生活，放松交友，在同学之间很受欢迎。

从目前来讲，我们学习的短期目的似乎只是让大考小考顺利拿高分，满足父母和老师的期待，让他们展露欢颜，当我们的成绩下滑时，最担心的也莫过于无法向他们交代。这让我们的心里产生了一种错觉：好像学习并没有为我们自己带来真正的好处，只是为了父母师长的要求才不得已而学的。毕竟三角函数和细胞结构图与我们目前的生活和幸福指数之间，找不到任何关联。

但是静下心来想一想，父母师长无疑是非常爱我们的，难道他们会任由我们为了一件毫无意义的事浪费生命吗？绝对不会，他们已经走过了几十年的人生，他们经历过和我们一样迷茫、懵懂、厌恶学习的时期，也体会过知识储备不足所导致的惨痛代价，体验过知识为自己带来的喜悦、光荣和成功，走过这段蹒跚的道路，他们经过分析和总结，发现了一个道理：虽然学习知识的过程也许有些累和枯燥，但是它的结果绝对是甜蜜的。他们爱自己的孩子和学生，所以，当他们想把自己的人生经验向世人传播的时候，首先想到了我们，他们最亲近的人。

他们也不想让自己的孩子怀着痛苦的心情做枯燥的数学题和物理题，也不舍得让自己的孩子舍弃一部分休息的时间背诵佶屈聱牙的古文，但是他们深深地知道，没有苦痛和艰难的努力就没有成长，没有日后的成功。与让孩子一生目不识丁、在社会上步履维艰来比较，他们宁愿选择让孩子现在痛苦。而且，事实上，努力之中也自有快乐，当你们经历了入门期的枯燥体验，你们就会发现学习的天地里别有洞天，那里的神奇和奥妙是你们原来难以想象的。

所以，我们必须明白，无论一个人是为了祖国而学习，还是为了父母而学习，学习的直接受益者都是自己。

只有学习，我们才能体会到遨游于知识世界的快乐；只有学习，我们才能体验目标实现的成就感；只有学习，我们才能在未来社会中立好身，找到自己认为最理想的工作和职业；只有学习，我们才能实现让妈妈住进大房子、带奶奶环游世界的梦想；只有学习，我们才能让自己成为一个高素质、有内涵、有魅力的人；只有学习，我们才能让自己有更敏锐的触角去体验生命的喜悦与快乐。

用心读书，就是对自己的未来负责

著名的哲学家萨特曾经说过："人从他被投进这个世界的那一刻起，就要对自己的一切负责。"这一句话对所有人来说都是适用的。

列夫·托尔斯泰曾经这样说过："一个人若没有热情，他将一事无成，而热情的基点就是责任心。"社会学家认为，当一个人富有责任心时，他的自我便真正开始形成，同时，这个人也由立志开始，影响力逐渐扩大，义务感逐渐增加，并能最终做出突出的成就。

对于青少年来讲，今天的用心读书，就是对自己的未来负责。

对自己负责是人们安身立命的基础。一个人应该为自己所承担的一切责任感到自豪，想要证明自己，那就对自己负责。

一次，茨格拉夫人的儿子从学校回家比平常晚了半小时，她对此表示充分的理解，但是，她也明确地告诉儿子："你玩的时间自然也就少了半个小时，这个时间我们可要遵守。"这样，就让儿子意识到了自己晚回家的后果，他就可能对自己的行为负责。

　　茨格拉夫人说："有时候，父母的内心也会在爱与公平之间摇摆犹豫，但是不能因为孩子的借口而一味地迁就他的喜好，让他逃避责任。孩子如果没有按规定整理好他的书柜，那么面对他喜爱的电视节目，我们也只能做出很'遗憾'的决定。"

　　在人生的道路上，总会遇到成功、挫折、悲伤、快乐……同学们应该学会承担责任，完成自己的事情，并对自己说："我对自己负责。"

　　众所周知，爱迪生刚在学校上了 3 个月的课，就被学校开除了。爱迪生从此失去了在校学习的机会，而他又很想学习。爱迪生知道，成长的道路上需要知识，于是他就恳求妈妈教他。正是这样，他一边向妈妈学习，一边自己摸索，最后发明了电灯等 1000 多项发明。因为爱迪生为自己负责，所以他的前途无限光明。

　　张海迪是位下身瘫痪的女作家。曾经，刚得知自己下身瘫痪的她，也有万念俱灰的想法，然而出于对自己负责，她战胜了自己。她利用在家养伤的时间学习外语。正是这期间的学习，为她后来的写作打下了牢固的基础，通过自学以及写作，最后成为一代风云人物。

　　假如没有爱迪生的勤奋好学，没有张海迪的顽强毅力，以及他们本着对自己负责的态度，我们就少了一位纵横 1000 多项发明的发明家，一位博学的好作家，因此我们应对自己负责。

　　同学们现在正处于校园学习阶段。学习，才是我们当前最重要的任务。但有些同学认为，学习是为上大学做准备，因为他们不想上大学，所以就可以不学或者少学。然而无论我们身居何处、何地，没有知识是不行的。我们应该本着对自己负责的态度，从现在开始好好学习，正所谓亡羊补牢为时不晚。在学习、工作、生活中，我们都应学会负责，对别人负责，对自己负责。

文凭不等于水平，却是必要的敲门砖

当代青少年厌恶学习的原因之一就是认为十几载的寒窗苦读只能换来一纸文凭，这样自己的付出和结果不成比例。并且近年来越来越多的事实表明，拥有高学历的人不一定能够在社会上取得绝对优势，有时，研究生和本科生的就业率还没有专科生好，在这种背景下，有很多青少年朋友更加质疑学校教育的意义。

事实上，文凭不等于水平，这已经是众所周知的道理，而在钱锺书先生的《围城》里，他用一句名言和众多的事例讽刺了那些购买假文凭，试图以此来掩饰自己的愚昧无知，并牟取社会利益的人物和行为。小说中的方鸿渐和韩学愈花钱购买"克莱登大学"的博士文凭，并凭此回国内高校任教，结果或被他人戳穿，或为掩饰自己的行为而做出种种令人不齿的行为。韩学愈没有学识，只能靠请学生吃饭，用阴谋诡计维持自己的教授身份。方鸿渐为了假文凭更是吃尽了苦头。

钱锺书先生还在书中用一句经典的名言讽刺了所谓的"文凭"，那就是：一张文凭，仿佛有亚当、夏娃下身那片树叶的功用，可以遮羞包丑；小小一方纸能把一个人的空疏、寡陋、愚笨都掩盖起来。

这句话应该引起青少年朋友们的注意，文凭当然不能真的遮羞包丑。天长日久，一个人的真实面目总会被人发现，所以我们一定不能用功利主义的态度对待文凭，更不能把今天在学校中的学习生活单单看成是获得文凭的手段，否则就大错特错了。

有这样一则寓言故事：母鸡用自己积攒了1年的积蓄，从狐狸那里买到了一张"游泳大学毕业证书"。于是，它拿着证书兴高采烈地去找凤凰，要求凤凰给她落实"游泳健将"的待遇。

然而出乎母鸡的预料，凤凰并没有答应母鸡的要求。凤凰说："你的职责是下鸡蛋，这毕业证书对你一文不值。"

"咯咯咯，"母鸡愤怒地争辩说，"你说得倒轻巧！这文凭来得容易吗？它可是我用钱买来的呀——1年的鸡蛋钱！你知道吗？"

凤凰冷静地回答说："正是如此，凡是用金钱买不到的东西用金钱买到了，它原有的价值便不存在了。"

这个寓言生动地向我们展示了文凭对人的意义。如果一个人凭借真才实学，达到了获得该文凭所需要达到的要求，那么他获得的文凭就是有意义的；而如果一个人没有真才实学，也没有能力，只是借助了一些歪门邪道的手段获得文凭，比如用钱买或者靠混日子得来的文凭，就是无用的。

所以，面对"文凭不等于水平"的论断，我们所能做的，不是拒绝现在的学校教育，而是端正学习态度，为了增长知识，提高能力，提升自己的精神面貌而学习，在校园里，重视培养自己这几方面的素质，而不要把分数、名次等表面的东西看得太重，因为那些东西，只是暂时的荣耀或"耻辱"，不能代表我们的未来。只有握在自己手中的本领和才干，才是我们今后安身立命的根本，明白了这一点，我们就明确了学习的方向，不会再感到迷茫了。

不喜欢老师而放弃，害的是你自己

很多人都存在严重的偏科现象，强强就是其中之一。强强的数学成绩很好，经常不是考第一，就是考第二，一提到数学，强强就眉飞色舞。可是，强强的语文成绩却总让他脸上阴云密布。

"我就喜欢数学老师，他讲课特别有意思，听着也带劲。而且数学老师特别用心，总是关心我们每一个人，大家都喜欢他。可是，语文老师就很严肃，要求也特别严，我有点怕他，听他的课我就是专心不了，所以语文成绩才那么差吧！"

古人云，"亲其师，信其道，乐其道"。学习成绩是由智力因素与非智力因素共同作用来决定的。

当一个人所喜欢的老师来上课时，他的感受是兴奋的，情绪是高昂的，注意力也是集中的。这种非智力因素会强化他在课堂上的观察、记忆、思维、想象等活动，提高智力活动的速度和效率。同时，智力活动的成效，以及认知和创造的欢乐，又会振奋一个人的精神，提高他的信心，激发他的兴趣，增强他的意志，使这些非智力因素活动的能量更大、水平更高。这样相互促进，就保证了喜欢的老师所教学科的学习质量，这门功课也就一定能学好。

反之，如果不喜欢某一个老师，那么上课会无精打采，注意力也不会集中，大脑各项活动的速度和效率随之降低，对知识的感受和接受能力也就降低了。

由此可见，对一个老师的态度会间接影响到自己的学习成绩。

对此，有的人一边为成绩忧心忡忡，一边埋怨老师，有的人还因此而产生强烈的抵触情绪甚至最后破罐子破摔，直接放弃学习，其实这些都是不明智的做法，是一种消极的学习态度。

而有的人则采取了一种积极并有效的态度和方法，因为他们明白读书是自己的事情，每个人都是在为自己的未来读书，如果因为对老师有意见就放弃了学习，也不过是逞一时之气，将来一定会后悔的。他们知道只有提高成绩，才是根本之道，才是亟须解决的最根本问题。

首先，要端正学习态度，在意识深处不断强化"为自己读书"这一观念，明白学习对于自己的重要性，由此减轻对学习的抵触情绪。

其次，要端正对老师的态度。永远不存在不希望学生取得好成绩的老师。你不喜欢老师，可能是因为你成绩不够好，没有得到老师足够的关注；或者是你偏科情况严重，而老师更喜欢该门功课成绩好的学生；或者是你不喜欢老师的讲课方式……不管是什么情况，都要针对不同情况及时地做出调整。如果是第一种情况，那么不妨努力改变自身的状况，让老师惊喜地看到一个不断进步的你，由此相信你，自然你就容易得到老师的关注，而之前你对老师产生的负面情绪也会逐渐转化。如果是第二种情况，那其实证明你还存在着一些不足，所以更要主动找出自己和其他同学的差距，积极迎头赶上。如果你因此而对老师产生反感，其实是不理智的做法，因为这样不仅问题得不到解决，相反还会使自己心情压抑，影响学习、生活。如此下去，恐怕老师会更不喜欢你。如果是第三种，你可以尝试着去适应，如果觉得还是难以适应，你可以大胆地和老师进行交流和沟通，说出自己的想法，这未尝不是一种解决的办法。

最后，一定记住要保持积极的心态，只有这样，才能对随时出现的问题进行积极的应对，为解决问题提供保证，这是制胜的法宝。

学习也有"复利效应"

每天学习一点点，是从小成功到大成功的日积月累，是能力和自信心的聚少成多，是实现完美人生的最佳途径，这其实就是学习的"复利效应"。

曾经有人问爱因斯坦"世界上最强大的力量是什么"，他的回答不是原子弹爆炸的威力，而是"复利"。复利，就是一笔存款或者投资获得回报之后，再连本带利进行新一轮投资，这样不断循环带来的利润。由复利所带来的财富的增长，就是"复利效应"。

费利斯的父亲出身于贫苦农家，只读到五年级，家里就要他退学到工厂做工去了。从此，社会便成了他的学校。他对什么都感兴趣，他阅读一切能够得到的书籍、杂志和报纸。他爱听镇上乡亲们的谈话，以了解人们世世代代居住的这个偏僻小山村以外的世界。父亲非常好学，他对外面的世界充满了向往，他的这种强烈好奇心，不但随同他远渡重洋来到美国，后来还传给了他的家人。他决心要让他的每一个孩子都受到良好的教育。

费利斯的父亲认为，最不能容忍的是我们每天晚上上床时还像早上醒来时一样无知。他常常说："需要学习的东西太多了，虽然我们出生时愚昧无知，但只有蠢人才永远这样下去。"

为了避免孩子们堕入自满的陷阱，父亲要他们每天必须学一点新的东西，而晚餐时间似乎是他们交换新知识的最佳场合。

他们每人有一项新知之后，便可以去吃饭了。

适时，父亲的目光会停在他们当中一人身上。"费利斯，告诉我你今天学到了些什么。"

"我今天学到的是尼泊尔的人口……"

餐桌上顿时鸦雀无声。

费利斯一向都觉得很奇怪，不论他所说的是什么东西，父亲都不会认为琐碎和乏味。

"尼泊尔的人口，嗯，好。"

接着，父亲看看坐在桌子另一端的母亲。

"孩子的妈，他今天所说的东西你知道吗？"

母亲的回答总是会使严肃的气氛变得轻松、愉快起来。"尼泊尔？"她说，"我不但不知道尼泊尔的人口有多少，我连它在世界上什么地方也不知道呢！"当然，这种回答正中父亲下怀。

"费利斯，"父亲又说，"把地图拿过来，让我们来告诉你妈妈尼泊尔在哪里。"于是，全家人开始在地图上找尼泊尔。

费利斯当时只是个孩子，一点也觉察不出这种教育有什么好处。他只是迫不及待地想跑到屋外，去跟小朋友们一起嬉戏。

如今回想起来，他才明白父亲给他的是一种多么生动有力的教育。在不知不觉之中，他们全家人共同学习，一同成长。

费利斯进大学后不久，便决定以教学为终身事业。在求学时期，他曾追随几位全国最著名的教育家学习。最后，他完成大学教育，具备了丰富的理论与技能，但令他感到非常有趣的是他发现那些教授教他的，正是父亲早就知道的东西——不断学习的价值，每天学习，每天进步。

生命有限，学海无涯。我们成为怎样的人，取决于我们所学到的东西，每天都努力学点新的东西，这一天才称得上是没有白费。

成功源于一点一滴的积累。

每一个人，要想获得成功，从平凡走向卓越，就必须拥有对目标坚持不懈的恒心和强大的意志力。那些伟人们之所以能创造出伟大的事业，凭借的正是持之以恒的毅力。让我们来看一看他们为成功所做出的巨大努力。

马克思整整花费了 40 年的心血，才完成了巨著《资本论》。

伟大的德国文学家歌德创作《浮士德》用了 50 年的时间。

中国古代医药学家李时珍为了写《本草纲目》，经历了 30 年的跋山涉水。

大书法家王羲之经年累月苦练书法，才成就了"天下第一行书"的盛名。

著名科学家、气象学家竺可桢坚持每天记录天气情况，记录了 38 年零 37 天，其间没有一天间断，直到他去世前的那一天。

这种持之以恒的毅力不是天生得来的，它是在日积月累的坚持中慢慢磨炼而来的，尤其是对于还不成熟的孩子们，持之以恒更需要在日常生活的许多细节中慢慢培养。要知道，成功不是一朝一夕可以获得的，只有每天向前一步，每天学习一点点，才能逐渐靠近自己的目标。

成长比成功更重要

每个人对于生命都有自己不同的理解，在现在这个观念多元的社会中，已经不是所有人都认为做官、创富是人生的唯一目标了。许多青少年喜欢歌手许巍的歌，就是因为其中有一种"生命在路上"的感觉。是的，生命是一个过程，它的结果没有好坏高下之分，重要的是充分体验到生命的所有悲喜，经历过一点一滴的成长和成熟。

而心智的成熟，自我的成长，是需要靠学习来实现的。

有这样一则幽默的历史故事：恺撒领军出征，每每获胜必以酒肉金银犒赏三军。有一次，随行的亲兵仗着酒胆，问恺撒："这些年来，我跟着您出生入死，征战沙场，历经战役无数。同期入伍的兄弟，升官的升官，任将的任将，为什么直到现在我还是小兵一个呢？"

恺撒指着身边一头驴说："这些年来，这头驴也跟着我出生入死，征战沙场，历经战役无数。为什么直到现在它还是一头驴呢？"

可见，没有学习的精神，生命就会陷入停滞的状态。我们如果体验不到生命如初生朝阳般冉冉升起，力量逐渐壮大的感受的话，又怎么才能体验到内心的喜悦呢？

《礼记·大学》中有段话："苟日新，日日新，又日新。"老子在《道德经》中说："合抱之木，生于毫末。九层之台，起于累土。千里之行，始于足下。"这些古老的中国经典文化都说明一个道理：量变积累到一定程度就会发生质变。一个人，只要坚持每天进步一点点，终有到达成熟和飞跃的那一天。

所以，不一定要功利地为自己下一个成功的定义，只要有一种坚持"今天一定比昨天更好"的信念和勇气，并为之付诸行动，每天进步一点点，它就会具有无穷的威力。

学习是进步过程中必须进行的一种活动，如同呼吸一样，它的真正期限是：终生。呼吸让身体获得氧气和活力，学习则使精神更为充实和健全。

从降尘到归根，儿童、青少年、中年、老年这整个生命阶段，都蕴藏着不同的学习契机，每个人都担任着不同的角色，如单身、已婚、为人父母、为人祖父母、为员工、为老板，以及引导工作、参与社会生活，等等。在这样的发展过程中，我们将体会到学习带来的成长和愉悦。

学习是一生一世的事情，就像成长永远没有止境一样。早在古代，这一思想就散发着耀眼的光芒。2000多年前的孔子就萌发并实践了"学而时习之，不亦乐乎"的信条。

所以，为了生命的充实和喜悦，要求自己每天进步一点点，让自己在漫长人生旅途中，今天要比昨天强，今天的事情今天做，每天都在为成长进步做着永不懈怠的努力。为此，要始终保持一份平静、从容的心态，步履稳健地走好人生的每一步，用"自胜者强"来勉励、监督和强迫自己，克服浮躁，战胜动摇。不是做给别人看，也不能懈怠，更不能糊弄自己，而是要用严于律己的人生态度和自强不息、每天进步一点点的可贵精神，走一条不断进取的光明大道。

做一个终身学习的人

有不少青少年认为，在学校里学到的知识是十分有限的，并且所学的知识在工作和生活中根本无从实践。在有这些想法的青少年的眼中，最有力的论据莫过于不少成功人士也没有接受过完整的教育，但是这不妨碍他们获得成功。

的确，有不少成功人士没有接受完整的教育，李嘉诚就是一个例子，但是少年失学后他并没有忘记平时的学习，当年在学校里学会的学习方法和技巧在他的自学生涯中发挥了莫大的作用，这一点，是被许多"学校知识无用论"者所忽视的。

也许在学校里学到的知识在以后的工作和生活中很少用到，

但是在学校里学到的学习方法和技巧，却可以让我们终身受用，并且会让我们感觉到学习的快乐。

古人说："授人以鱼不如授人以渔"。意思是说，教人学会捕鱼的方法比给别人几条鱼要好得多。捕鱼如此，学习亦然。从某种意义上说，学会学习比学会知识更重要。

李嘉诚在告诉青少年朋友们要学会学习时，打了一个生动的比喻。一个猎人到森林里去打猎，要准备猎枪和干粮。如果一个学生在学校里只知道积蓄知识，而不懂得与此同时掌握获得知识的方法和技巧，那么等他以后走上工作岗位就像猎人打猎时只带了干粮没带猎枪一样。没有猎枪，干粮带得再多，也有吃完的一天。但是如果有一支猎枪，并能运用自如，那么从此不仅能够生存下去，而且能够实现可持续发展。所以，学习能力才是真正的成功之母。

学习的内容纷繁复杂，然而最根本最重要的只有一项——学会学习。学会了学习，一切都会招之即来。毫不夸张地说，学习能力是"元能力"，是一切能力之母；学习成功是"元成功"，是一切成功之母。

有人说："失败是成功之母。"也有不少人说："成功是成功之母。"这两种说法都有各自的道理。从失败中，可以获得宝贵的经验教训，从而获得成功。恩格斯说："无论从哪方面学习都不如从自己所犯错误的后果中学习来得快。"失败最有助于学习，从而最能促进成功。所以说，"失败是成功之母"。在成功中，同样可以学到如何成功的经验，还能从成功中获得自信，受到激励，多方面地学习有助于成功。所以，马尔兹说："成功孕育着成功。"由这一论述可见，"成功是成功之母"也没错。

然而，现实中的许多事例表明，这两种说法并不总是能成立。只有那些从失败中吸取教训、学到经验的人，才能使失败成为成功之母；同样，只有那些从成功中学习到成功经验的人，才能使成功成为成功之母。所以，无论失败成为成功之母，还是成功成为成功之母，要想实现哪一方面，都必须以学习为基础。因此，说"失败是成功之母""成功是成功之母"，归根结底都是说"学习是成功之母"。只有学习能力才是真正的、永恒的成功之母。如果不具备学习能力，那么失败可以成为失败之母，成功也可以成为失败之母。

成功，并不是战胜别人，而是战胜自己。你唯一能够改变的就是自己，你不可能也不可以去阻止别人的进步。而改变自己的唯一途径就是努力地学习，通过学习改造内在的品性与能力，从而改变外在的处境与地位。只有战胜自己的人，才是最伟大的胜利者、成功者，"欲胜人者必先自胜"。一个对知识和技能马马虎虎，不把工夫放在自己身上的人，失败是必然的。那么，怎样才能学习知识与技能，怎样才能战胜自我呢？答案很简单，那就是充分运用你的学习能力。"苟日新，日日新，又日新"，只有不断运用学习能力，才能达到持续更新、持续发展的高境界。

我们也可以用三段论来推导出我们的结论。

成功，取决于人的学识与经验——大前提；

学识与经验，取决于人的学习能力——小前提；

归根到底，成功取决于学习能力——结论。

所以，学习能力是真正的成功之母。

在知识经济时代，竞争日趋激烈，信息瞬息万变，盛衰可能只是一夜的事情。在激烈竞争中，只有不断学习、善于学习的人，才能具有高能力、高素质，才能不断获得新信息、新机遇，才能够获得成功。如果不能不断提高素质，跟不上时代发展的步伐，个人将会被淘汰，企业将会被淘汰。那么，怎样才能避免被淘汰呢？毫无疑问，答案是不断学习、善于学习。

富兰克林说过："花钱求学问，是一本万利的投资，如果有谁能把所有的钱都装进脑袋中，那就绝对没有人能把它拿走了！"

无论是个人、集体、国家或民族，只有学习，才能永远立于不败之地；只有充分运用学习能力，才能无往而不胜。总之，学习是最根本最通用的成功方法，学习能力是最根本的成功之母。

读书是家族的重大传承

前些年流行一种说法，"学好数理化，不如有个好爸爸"，如今这种声音虽然与时代渐行渐远，但是仍然有不少人认为只要家庭条件特别好就不必用功读书。很多人羡慕富裕人家的孩子，认为父母家财万贯，孩子不必自己动手挣钱也可以衣食无虞地过一生，就像躺在一座金山上一样。

这种想法当然是错误的。首先，"君子之泽，五世而斩"，后继无人的家族财富一向是最容易被败掉的，生在富裕家庭的孩子，如果没能接受很好的教育，掌握相当了得的本领，相反却在无意中滋长了纨绔习气，那么再大的家业也面临着坐吃山空的危险。"金山"垮掉之后，一个没有生存能力和抗挫折能力的人，只可能一面在梦幻中追忆父辈的辉煌，一面过着清苦又被人鄙视的日子，既无力承担家境败落的命运，更无法为社会做出应有的贡献，只能在潦倒中度过自己的人生。

庄晓的父母是典型的温州商人，在中国实行改革开放政策之后，他们靠自己勤劳的双手和灵活的头脑白手起家，从替人打工开始，逐渐积累起自己的财产。现在，庄晓的家庭拥有一家大型连锁超市，家境已经十分殷实。

　　庄晓的父母常年忙于在外打拼，很少花时间和精力在庄晓的教育上面。自从儿子上学后，庄晓的父亲慢慢发现，越来越难与自己一手养大的儿子沟通了。他觉察到，尽管儿子每天在自己身边转悠，仿佛距离很近，但是父子俩的心却是咫尺天涯，难以拉近。

　　庄晓虽然有条件上最好的学校，但是他并不认真学习，他经常在学校老师上课点名之后，便抽身离去。老师或者校长为此事找他谈话，他还是一副满不在乎、玩世不恭的样子，最终也拿他没有办法。其实，不上课的日子，庄晓还是感到很空虚的，虽然可以不在意课业的负担，但是无所事事的日子也很难过，通常，庄晓会在网吧、酒吧度过白天。对于网络上流行一时的网络用语他已烂熟于心。

　　他是一个本性善良的孩子，所以值得庆幸的是，他虽然玩游戏，不务正业，却也不至于误入歧途，走上犯罪道路。但是日子一天一天过下去，青春一天一天耗没了，他没能像同龄人一样考上大学，虽然他嘴上说不在意，但是看见好朋友们都陆续收到了录取通知，他的心里还是酸酸的。没有考上大学，当然是难找工作的，只能从事体力活，但一方面他自己没吃过苦自然做不了，另一方面父母也舍不得让他去做那样的工作，所以离开了校园，他依旧无所事事。

　　有时候，心情好的话，庄晓也会回到家里，帮父母在超市里卸货上架。但在庄晓父母的记忆里，这种传统观念里的好儿子形象少之又少。多数时候，庄晓来到父母面前，是向他们索要零花钱。庄晓说，父母每周给自己1000元，但似乎总是不够用。

　　到了快成家立业的日子，无奈的父母只好安排庄晓成为自家超市里的员工。这名"员工"的特别之处在于，他从来不按时上下班。即便上了班，他也只是闲在超市里，看着父母工作，无所适从，或者干脆抱着笔记本电脑在店里的某个角落里待上整整一天。经常到超市购物的顾客会惊讶地发现，在平常的工作岗位上，除了一个辛勤工作日渐伛偻的身影，旁边往往还有个什么也不干的啃老族。

每个人都只能来到这个世界一次，是选择努力奋斗让生命充实有意义，还是什么都不做等待别人的施舍，这是一道不太难的选择题。其实庄晓的故事还没有结束，因为没有一个人可以让你依靠一辈子，不能自强自立的人，总有一天会被赶出社会的门外，无法发展，也无力生存，其遭遇也必将从可欣可羡变为可悲可叹甚至可鄙可憎。

所以，你必须明白，家境富裕，那是父母不断努力奋斗的结果，这代表父母的人生在一定意义上取得了成功，但是父母这些财富和本领不可能像基因一样自然地遗传给你。你可以凭借他们的能力为自己创造更好的学习环境，但是能否学到知识，能否练就一身过硬的本领，能否得到未来社会的承认，这一切都还要靠你自己积极争取。用父母的金钱武装自己只能为自己糊上一层虚荣的"门面"，而用心读书，用丰富的知识和卓越的能力武装自己，才能赢得真正的幸福和成功。

第三章

不是学习折磨你，而是你误解了学习

⊙ 空虚无聊的日子，比枯燥的学习更可怕

⊙ 为赚钱放弃学习，早晚会后悔

⊙ 任何一种磨难，都不是最糟的

⊙ 不快乐，是因为你水平不够·

⊙ 校园，人生经过的最美的地方

空虚无聊的日子，比枯燥的学习更可怕

"丁零零……"闹钟仿佛炸弹一样在安静的清晨第一时间把你叫醒，于是起身、穿衣，像打仗一样刷牙洗脸，然后迅速吃完早饭，在预备铃声响起之前踏进教室……每一秒钟都被填满，这样快节奏的生活让你觉得疲惫，但你知道吗？虽然紧张忙碌，但每一个日子都是充实饱满的，你的精神生活也格外的丰富，因为你的每一分钟都在忙碌，都有方向。

往往处于忙碌中的人们偷空就开始幻想：要是有几天能清闲些就好了，如果有一整个暑假都属于我，那是多美的一件事情啊！

但真正等到了那一天，你会发现事情并不是像自己想象的那样，当你拥有大段时间的时候，你却不知该如何去打发了，这时空虚就像青藤一样弯弯曲曲，在你的心灵蓬勃生长。

比如，从周一开始你就在盼望周末的到来，你想着周六周日两天什么都不要做，好好在家里休息，睡着、躺着、看电视、听音乐……可往往，太阳还没有落山，你就无聊得要发疯了，近乎奢侈地看了一天电视，脑袋里嗡嗡地响个不停，像是要爆炸，想好好补一觉，却怎么也睡不着……

我们该拿这长长的时间怎么办好呢？休息还是忙碌？到底该怎么做呢？

看看退了休的爷爷奶奶在做什么吧。他们时常睡懒觉，还是每天早起；他们整日坐在摇椅上晒太阳，还是养鸟栽花忙个不停；他们时常戴着花镜读书看报，还是忘记了自己也识字这回事……他们忙碌着，容光焕发。时间把皱纹刻在他们脸上，适当的操劳又神奇地把它轻轻抚平。

我们发现，将自己的学习、生活安排得满满当当的人，他们都很有劲头；相反，那些总是抱怨辛苦，希望花大量时间来做调整的人，他们常常陷进空虚的泥沼里进退两难。

每个同学都希望自己在全面发展的同时，能有一技之长，有自己的兴趣爱好，可是，在平时紧张的学习生活中往往无暇顾及。而当一个悠长的寒假到来的时候，该怎样让自己过得充实呢？写下你的愿望，然后努力实现。你可以把寒假大段的时间分为两部分，一部分用来提高学习和阅读，比如可以请家长或者老师给自己推荐一些经典的著作看，因为往往这时更能静下心来看书，看完后还可以写几篇读书笔记；还有一部分时间可以用来参加社会实践，如参加摄影、书法、跆拳道等有益的活动。这些都可以给你带来快乐。

空虚是一个比任何痛苦和挫折都要可怕的怪物，它破坏我们的习惯和意志，让我们在海上肆意漂流，等到燃料耗尽，我们就再也找不到岸。

看着我们的课程表、学习计划、读书计划、健身计划……现在你怎么想？是不是希望能把它们制订得更详尽些呢？

那就别等了，否则空虚的青藤又要开始疯长啦！

为赚钱放弃学习，早晚会后悔

在义务教育已经普及的今天，仍然有很多中学都没有毕业的孩子加入"打工赚钱"的行列，也许有人尤其是一些目光短浅的父母认为：考上大学也不一定能找到好工作，不如趁着年轻力壮，早点在社会上闯荡，也许在别的孩子还在读书的时候，自己的孩子就能够赚钱了呢！

跟随时代的步伐走到今天，还会有这样的想法，当然是愚昧无知的，为了赚钱而放弃学习的人，早晚会为自己的行为感到遗憾后悔，只是到了那一天，读书的黄金时代已经不可避免地一去不复返了。

为赚钱放弃学习的人，潜意识里必然认为赚钱是学习的目的，这就大错特错了。

一位在纽约华尔街附近一间餐馆打工的中国MBA留学生，每天下班后总是对着餐馆大厨老生常谈地发誓说："看着吧，总有一天我会打入华尔街。"

有一天，大厨侧过脸来好奇地询问他："你毕业后有什么设想？"

中国留学生答道："当然是马上进跨国公司，前途和钱途就有保障了。"

大厨又说："我没问你的前途和钱途，我问的是你将来的工作志趣和人生志趣。"留学生一时语塞。

大厨叹口气嘟囔道："如果继续经济低迷，餐馆歇业，我就只好去当银行家了。"中国留学生差点惊了个跟头，他觉得不是大厨精神失常，就是自己耳朵幻听了，眼前这位自己一向视为大老粗的人，跟银行家岂能扯得上关系？

大厨盯着惊呆了的留学生解释道："我以前就在华尔街的银行里上班，日出而作，日落却无法休息，每天都是午夜后才回家，我最后厌烦了这种劳苦生涯。我年轻的时候就喜欢烹饪，看着亲友们津津有味地品尝我做的美食，我便心花怒放。一次午夜2点多钟，我办完了一天的公事后，在办公室里嚼着令人厌恶的汉堡包时，我就下决心辞职去当一名专业美食家，这样不仅可以满足挑剔的肠胃，还有机会为众人献艺。"

其实，人生可以有很多选择，成功的方式也多种多样，最成功的人不一定是最能赚钱的人，能赚钱的人也不一定非常成功。如果狭隘地将人生的目标设置为赚钱，那么你的人生底蕴必定会非常单薄。总之，不要把赚钱当成你人生的唯一目标。

以此类推，把赚钱当成学习的唯一目标，不仅会失去学习过程中应有的快乐，也会慢慢地丧失自我，人生之路会越走越狭窄。

任何一种磨难，都不是最糟的

在通向成功的大道上，总是充满了坎坷和泥泞。但是，懂得学习的人却能始终秉持着一种百折不挠的精神，他们认为："要想追求卓越的生活，必然要经过一条布满荆棘的道路，没有哪个有所成就的人是一生都走在平坦的道路上的。不过，一个真正的强者，绝不会因此而裹足不前，就像帝王蛾一样，没有在磨难中毁灭，而是因磨难拥有了一双坚硬的翅膀。"

帝王蛾的幼虫时期是在茧中度过的。茧上有一个极小的洞，帝王蛾要想破茧而出，必须经过这个狭小的通道，而这条通道对它来说无疑就是"鬼门关"，因为它的身躯是那么娇嫩，它必须拼尽全力才能从其中通过。在往外"冲杀"时，有太多太多的帝王蛾幼虫因力竭而身亡。

有人曾经怀着悲悯之心，用小剪刀把那条通道剪得比以前宽阔一些，以便帝王蛾幼虫不必费多大力气就能轻易地钻出那个"牢笼"，可是结果却大大出乎了他们的意料。所有因得到救助而见到天日的帝王蛾，都不是真正的帝王蛾，因为它们无论如何也飞不起来，只能拖着不具备飞翔能力的双翅在地上笨拙地爬行！

原来，那"鬼门关"般的狭小茧洞，恰恰是帮助蛾子两翼成长的关键所在。幼虫从其中穿过时，血液借助于挤压才能顺利地到达蛾翼的组织之中，而唯有两翼充血，帝王蛾才能振翅飞翔。人为地将茧洞剪大，蛾子的翼翅就失去了充血的机会，自然就丧失了飞翔功能。

除了帝王蛾自己，没有谁能够施舍一双强健的翅膀给它。人也一样。在人生之路上，总是避免不了困难与不幸，但有些时候，它们并不都是坏事。因为平静、安逸、舒适的生活往往会使人安于现状、耽于享受，而痛苦和磨难则相反，它们虽然经常会令人感到不安或痛苦，但是它们对于人类来说，就像烈火之于钢铁一样重要，钢铁只有在烈火中锤炼才能成为有用的工具，人也一样，只有经历过磨难，才会变得更坚强、更聪明、更成熟，才能不断地从困难汲取经验，从而对生活有更深、更广的认识。由此也可见，所有的事情都是相对的，无论是什么样的磨难，都不是最糟的，所以我们不应该抱怨或沮丧，而应该满怀信心，勇敢地面对磨难，并在磨难中锻炼、提升自己，只有这样，才能跨越人生之路上的坎坷和荆棘，到达目的地。

对那些有所成就的人来说，磨难不仅不是意外，反而是一种常态，因为任何一种磨难都是"增益其所不能"的锻炼。无数事实也证明，人们最出色的成绩，往往都是在经历过磨难之后做出来的。"自古雄才多磨难，从来纨绔少伟男"这句古语，说的也正是这个道理。因此，我们青少年要有一个辩证的挫折观，不能一遇到磨难就退缩，而应该像帝王蛾一样，在磨难中获得"一双坚硬的翅膀"。即便磨难重重，只要我们善于自我宽慰，悦纳自己和他人，并且满怀信心地继续前进，就能够战胜乃至适应磨难，并因此而拥有不断进取的精神和百折不挠的毅力，进而如愿以偿地品尝到成功的果实。

不快乐，是因为你水平不够

你在为学习而烦恼吗？如果是的话，说明你完全把学习当成了一项被迫的任务去完成。其实，学习是快乐的，要在学习的过程中寻找应有的快乐，而非烦恼。

美利坚合众国的奠基人之一富兰克林，幼年时对学习不是很有兴趣，他有时候刚拿起书来想看，但是只要外面有伙伴叫他去玩或者街道上发生了什么事情，他就会把书一扔，第一个飞快地跑出去看。

他家里经济条件虽然不是很好，但是父母还是为孩子买了好多有意思的书籍，并把这些书籍放在很显眼的地方。

有一天，小富兰克林跑了进来，对他母亲说："妈妈，你能告诉我埃及金字塔是怎么一回事吗？我的一个伙伴在考我。"

他母亲就给他讲解起来："这个埃及金字塔其实就是埃及法老的坟墓，但是它的样子很奇特……"

他母亲把关于金字塔的各种知识都仔仔细细地告诉了他。

小富兰克林听得很入神，心里想："哇，原来世界上还有这么有趣的东西啊。我怎么以前不知道呢？"

他对他母亲说："妈妈，你真是太厉害了，你怎么什么都知道啊？我希望以后变得像你这么聪明，有着这么渊博的知识。"

"孩子，妈妈不是什么都知道，这些都是从书上看来的。其实书上的知识很丰富，而且很多都是很有意思的，只要你去看，你自己去发掘，就能和妈妈懂得一样多，甚至比妈妈懂得还要多。"

"是吗，妈妈？"小富兰克林更加不解了。

"当然是了，妈妈没有去过埃及，本来根本就不知道这个事情，是书籍给了我知识。孩子，刚才你说你希望成为像我这样的人，那么你就要从现在开始多多看书，汲取里面的精华，把它变为自己的东西，这样你就一定会比妈妈厉害。""好的，妈妈我知道了。以后我一定要好好地看书，把这些知识都学到我的脑子里去。"小富兰克林开心地回答。

从此，小富兰克林对书籍有了兴趣，经常拿书籍翻阅，津津有味地学习里面的内容。

他母亲看到这些，心里很是安慰，但是小富兰克林还是有点缺乏自制力，有时会被别的事情分散注意力。

所以，他母亲经常在他看书的时候对他说："孩子，你现在看书，不要去管别的事情，你看完了才能和小伙伴们玩，好吗？"

"好的，妈妈。我喜欢看书。"小富兰克林大声地回应着。

然后他母亲会把玩具放到别的屋子里去，同时把房间的窗户关好，尽量不让别的事情来影响孩子的学习。

就这样，慢慢地，小富兰克林能够很好地控制自己了，经常在伙伴叫他去玩的时候，坚持自己看书，不受他们的影响和游戏的诱惑。

后来，富兰克林成了著名的科学家、政治家，为人类做出了杰出的贡献。

其实许多有成就的人，在很小的时候并非都爱学习，但是，他们都不约而同地改掉了厌烦学习的坏习惯，一步步地把学习当成生活中的乐趣来享受，这样就觉得学习不是负担了。

校园，人生经过的最美的地方

著名的畅销书《爱的教育》的作者亚米契斯曾说："学校

是母亲……永远不要把她忘记……即使你成了大人，周游了全世界，见过了大世面，她那质朴的白色房屋、关闭的百叶窗、小小的园子——那是你的知识之花最初萌芽的地方，将永远保留在你的记忆之中，正如你的母亲永远会记着你呱呱坠地的房屋一样。"

学校是我们离开父母怀抱、走向社会的一条通道。在这条通道上，我们开始遇见一些陌生人，并且绝大部分时间和他们待在一起。我们一起成长，渐渐熟悉起来，有了自己的朋友和自己生活的小圈子。我们一起谈论，一起歌唱，分享学习中的喜忧。老师不仅教我们读书识字，更重要的是指导我们怎样去看待这个世界。我们在接触这个社会中慢慢形成了自己的思想。

校园是一个让你放飞思想的地方，它的精彩就在于各种思想的碰撞。那里有那么多智慧的源泉，有的深沉，有的清澈。每一位老师的谆谆教导，都是指引你飞翔的明灯；每一本书，都是一个乐园，蕴藏着前人许许多多的宝贵经验。还有与你同龄的朋友们，你们分享着每天的得与失。书上的知识，是经过时间的洗礼留下来的精华，它会让你站在一个更高的高度去看待社会中的纷纷扰扰。老师的教诲，结合了他们自己的经验，有老师做表率，更能让你深切地体会到怎样立身处世，当你的思想出了差错的时候，老师是最先发觉并督促你改正的。而同学们，和你一起学习，每个人在同一个知识点上又有自己的见解，相互交流，相互补充，才使你能够学到更多的东西。

在学校，你可以从课本上学习，向老师学习，和同学学习，但是最为关键的是要靠自己去学习。你的思想就像那放飞的风筝，只有你自己牵引着那根细细的线，而风筝飞翔依托的风，也要靠你自己去驾驭。当开始思考的时候，你就是一个独立而自由的人了。

毛泽东有一首词《沁园春·长沙》，其中的年少风发，正是你的思想在蓬勃生长。

独立寒秋，湘江北去，橘子洲头。看万山红遍，层林尽染；漫江碧透，百舸争流。鹰击长空，鱼翔浅底，万类霜天竞自由。怅寥廓，问苍茫大地，谁主沉浮？

携来百侣曾游。忆往昔峥嵘岁月稠。恰同学少年，风华正茂；书生意气，挥斥方遒。指点江山，激扬文字，粪土当年万户侯。曾记否，到中流击水，浪遏飞舟？

校园的可贵，就在于你可以从中积累到许多的知识，听取很多人的思想。在那里，你不用害怕犯错误，因为有老师的指点，因为你还不成熟，因为你还来得及去改正。学习的过程，就像著名的数学家华罗庚教授说的那样，由薄到厚，又由厚到薄。由薄到厚是知识慢慢沉淀，积累下来就变得多了，这个时候虽然也有思考，但主要是学习；由厚到薄，就是你能够熟练地掌握和运用那些知识，你的思想在这时才能自由地飞翔，达到举重若轻的境界。

那样美好的年龄，那样美好的同学老师，那样美好的课本知识，这一切，我们不该心存感激吗？有了他们，我们的思想才能飞得更高，我们才能走向更为美好的未来！

第四章

学习虽痛苦，也有快乐在其中

⊙ 读书是天下第一好事
⊙ 兴趣只是你入门的老师
⊙ 永远对新奇事物保持开放心态
⊙ 能充分利用上课时间的学生最轻松
⊙ 让你的身体保持最佳状态
⊙ 找到属于自己的高效学习法

读书是天下第一好事

关于读书的好处，古今中外有不少的言论："书卷多情似故人，晨昏忧乐每相亲"（于谦）、"立身以立学为先，立学以读书为本"（欧阳修）、"读过一本好书，像交了一个益友"（臧克家）、"书是人类进步的阶梯"（高尔基）……出身于书香世家、曾担任上海文史馆馆长的张元济先生说："天下第一好事，还是读书。"又是"天下"又是"第一"，人类千百年来文明的不断发展，书籍是其中保存智慧、记录文明的重要手段。书籍是贮存人类世代相传的智慧的宝库。后一代的人必须读书，才能继承和发扬前人的智慧。人类之所以能够进步，永远不停地向前迈进，靠的就是能读书又能写书的本领。

读书是关系到人类文明继承发展的大事，好事。而对青少年来说，读书是全面提升综合素质的好事。当你在一排排书架面前，你怎么也骄傲不起来，你会痛感知识的贫乏，就会产生一阵阵强烈的不安和躁动，推动你、驱使你投身于知识的汪洋大海中。

然而，读书这件天下第一的好事有苦也有乐。因为面对浩瀚的书海，唯有勤奋是唯一的路径。我国古代著名文学家韩愈有这样一句治学名言："书山有路勤为径，学海无涯苦作舟。"意在告诉人们，在读书、学习的道路上，没有捷径可走，没有顺风船可驶。这对于很多青少年来说，是一件苦差事。不过，想要在广博的书山、学海中汲取更多更广的知识，"勤奋"和"潜心"是两个必不可少的，也是最佳的条件。

鲁迅先生从小认真学习。少年时，在江南水师学堂读书，第一学期成绩优异，学校奖给他一枚金质奖章。

他立即拿到南京鼓楼街头卖掉，然后买了几本书，又买了一串红辣椒。每当晚上寒冷时，夜读难耐，他便摘下一颗辣椒，放在嘴里嚼着，直辣得额头冒汗。他就用这种办法驱寒坚持读书。由于苦读书，他后来终于成为我国著名的文学家。

鲁迅先生读书，可以算是非常勤奋了，而另一位大学问家闻一多的故事，可以作为"潜心"二字的注解。

闻一多读书成瘾，一看就"醉"，就在他结婚的那天，洞房里张灯结彩，热闹非凡。大清早亲朋好友都来登门贺喜，直到迎亲的花轿快到家时，人们还到处找不到新郎。急得大家东寻西找，结果在书房里找到了他。他仍穿着旧袍，手里捧着一本书入了迷。怪不得人家说他不能看书，一看就要"醉"。

古来成就大学问者，大多是醉心于读书之人，有人说，我不想做学问，不想当学者，我还有必要读书吗？

答案是，当然有必要。

三国时期吴国大将吕蒙没有文化知识，孙权鼓励他学习史书与兵法。吕蒙总是推说军队事多没有时间学习，孙权列举自己及前人的例子，如"光武当兵马之务，手不释卷，孟德亦谓老而好学"。孙权说："你的事情总没有我多吧？我并不是要你去研究学问，而只是要你翻阅一些古书，从中得到一些启发罢了。"

吕蒙问："可我不知道应该去读哪些书？"

孙权听了，微笑着说："你可以先读些《孙子》《六韬》等兵法书，再读些《左传》《史记》等一些历史书，这些书对于以后带兵打仗很有好处。"

停了停，孙权又说："时间嘛，要自己去挤出来。从前汉光武帝在行军作战的紧张关头，手里还总是拿着一本书不肯放下来呢！为什么你就没有时间呢？"

吕蒙听了孙权的话，回去便开始读书学习，并坚持不懈。

后来，鲁肃来到寻阳的时候，鲁肃和吕蒙议事，十分惊奇地说："以你现在的才干和谋略来看，你不再是原来那个吴下阿蒙了！"吕蒙说："将士离别三日，就要用新的眼光来看待，长兄为什么认清事物这么晚呢！"

后人从这个故事中总结出三个成语："手不释卷""吴下阿蒙"和"士别三日，当刮目相待"。可见，读书对一个人的影响有多大。

在读书学习中不断更新自己的知识，在生命的延展中不断焕发希望和蓬勃之气，这不仅是种行为，更是种斗志和顽强的生命力。这也显示出书本中知识的魅力，在人生的各个不同阶段，知识能给人以不同的启发，虽至耄耋，学亦不止。

读书除了要"苦读"，还应该是有无上乐趣的。乐趣也是强大的驱动力。能带着乐趣读书的人，就能持之以恒，向深层次迈进。

大学者林语堂颇懂读书的奥妙，他深有所悟地谈道："读书不可勉强，因为学问思想是慢慢从胚胎中滋长出来的。其滋长自有滋长的道理，如草木之荣枯，河流之转向，各有其自然之势。逆势必无成就。树木的南枝遮荫自会向北枝发展，否则枯槁以待毙。河流过了矶石悬崖也会转向，不是硬冲，就是顺势流下，总有流入东海之日。""凡是好书都值得重读的。自己见解愈深，学问愈进，愈能读出味道来。"

梁实秋先生说："古圣先贤，成群的名世的作家，一年四季地排起队来立在书架上面等候你来点唤，呼之即来挥之即去。行吟泽畔的屈大夫，一邀就到；饭颗山头的李白、杜甫也会联袂而来；想看外国戏，环球剧院的拿手好戏都随时承接堂会；亚里士多德可以把他逍遥廊下的讲词对你重述一遍。"

可以说，读书是一种高尚的精神需求，是一种精神享受。虽然求得知识和真理的过程是十分艰辛的，但它能给人带来一种满足，一种超然物外的、幸福的境界。因而，我们就必须有一个好心境，要有积极的、昂扬的、饱满的情绪，才能使吸纳知识保持最佳或较佳的状态，体验这"天下第一好事"。

兴趣只是你入门的老师

兴趣是一个人求知的起点，是探寻真理的原动力，它可以使人产生无穷的力量，可以使人集中精力去获取知识，展开创造性的工作。

大科学家爱因斯坦曾说过："兴趣是最好的老师。"对学习产生了浓厚的兴趣，才会积极主动地去探求知识。如果对学习没有兴趣，把学习看成是一种负担、一件苦差事，自然就不会有好的学习效果。只有不断地发现、培养、创造兴趣，才会越学越有趣，越学越优秀。

哈佛大学教授、著名的哲学家诺齐克中学的时候就对哲学产生了十分浓厚的兴趣，从此便痴迷于哲学的学习，他将主流的哲学分析方法运用于探讨自由社会的重大理论和问题，极其成功地实现了学术探讨与政治关怀的有机结合，最终成了 20 世纪最杰出的哲学家和思想家。

英国戏剧大师莎士比亚天生迷恋戏剧，对演戏充满浓厚的兴趣，在很短的时间里，他就掌握了丰富的戏剧知识。有一次，一位演员病了，剧院的老板就让他去替补。莎士比亚乐坏了，因为有强烈的兴趣，他只用了不到半天的时间，就把台词全背了下来，演得比之前的演员还好。演了一段时间的戏，莎士比亚便开始尝试写剧本，这些剧本上演后非常受观众欢迎，他也从此开始了戏剧文学的创作生涯，他的兴趣致使他成为文艺复兴时期最伟大的戏剧作家。

兴趣能够使我们加深记忆，记忆又会提高学习的兴趣，形成良性循环；反之，如果对某个学科厌烦，必定降低记忆力，以致学习受挫，形成恶性循环。所以，善于学习的人，一定也是善于培养兴趣的人。

缺少兴趣的同学，学习往往缺乏积极性和主动性。哈佛大学心理学专家调查发现，学生如果对某一门功课不感兴趣，那么他这门课的成绩一般都不会很好。不仅如此，缺乏兴趣的同学，往往也缺乏持之以恒的动力和坚持不懈的毅力。只有那些拥有强烈学习兴趣的人，才会产生对知识的渴求，并不断地探索，最终走向成功。

兴趣使诺齐克一生中大部分时间都在思考着哲学问题；兴趣使罗蒙诺索夫以白干 40 天活的代价换一本算术书；兴趣使列文虎克为发明显微镜而整整磨了 10 年的玻璃片；兴趣使发明柯达照相机的伊斯曼全心扑在研究上而忘记与女朋友约会，后来终身未娶……从这些人物身上，我们不难看出兴趣的巨大魅力。

对学习有浓厚的兴趣，能够让人们产生强烈的学习欲望，如饥似渴、勤勤恳恳地去读书学习，全身心地投入，聚精会神地钻研，时时刻刻去思考。如此，才能不断地进步，不断地取得成功；即使遇到困难、挫折，也能以顽强的毅力去克服。相反，如果对任何事物都不感兴趣，那么必将成为一个庸人。

1976 年诺贝尔物理学奖得主丁肇中用 6 年时间读完了别人需要 10 年才能完成的课程，最后终于发现了"J 粒子"。有人问他："你如此刻苦读书，不觉得很苦很累吗？"他回答："不，不，不，一点儿也不，没有任何人强迫我这样做，正相反，我觉得很快活。因为有兴趣，我急于要探索物质世界的奥秘，比如搞物理实验；因为有兴趣，我可以两天两夜，甚至三天三夜待在实验室里，守在仪器旁。我急切地希望发现我要探索的东西。"

青少年只有对学习感兴趣，才能把精力集中在学习上，使注意力集中，观察细致，记忆持久而准确，思维敏捷而丰富，激发和强化学习的内在动力，从而调动学习的积极性。

永远对新奇事物保持开放心态

一位学者指出："人们只有在好奇心的引导下，才会去探索被表象所遮盖的事物的本来面貌。"好奇是铸就成功和杰出的最重要的因素。因为只有有好奇心才能产生兴趣，只有感兴趣才能产生探索的欲望和动力。很多成功者成功的秘诀就在于永远保持好奇心。

贝时璋是我国著名细胞生物学及生物物理学的奠基者、教育家、科学活动家、中国科学院生物物理研究所名誉所长、中国科学院资深院士。他之所以能取得如此令人瞩目的成就，就是因为他一直都在为自己感兴趣的事业而努力奋斗，就是因为他永远都对未知的领域感到好奇。

贝时璋出生在农村，人很老实，很少出门，但是他对周围的事物充满了好奇心。他3岁时，被爸爸带到祠堂里去祭拜祖宗。祠堂门口石狮子嘴里的圆球引起了他强烈的好奇心：这圆球既能滚动，又不掉出来，这是怎么回事呢？他开始用好奇的眼光看待周围的一切，经常琢磨着这些"奇异"的事情。

后来，他爸爸带着他到上海。一路上，贝时璋看到了以前从未看过的"新奇"。他看见了拉纤人，看见了船老大把橹摇得飞快，看到了乡下从未有过的轮船，还有船舱里的灯居然没有灯油……贝时璋百思不得其解，一连串的"为什么"使得他对这些东西更加好奇。

到了上海后，贝时璋对看到的一些事情更感到"稀奇古怪"了：上海的黄包车是人在前面拉，而家乡的独轮车却是人在后面推；上海商店橱窗里有自己会转动的"洋模特"，家乡的那些玩具既简陋又不会自己转动；上海的灯按一下"扳头"就会亮，而家乡的灯不仅要加煤油，还要用火点着才能亮……

短短的上海之行，使得贝时璋大开眼界，同时，也引发了贝时璋心中无限的遐想，勾起了他琢磨这些奇异现象的冲动。

贝时璋上学后，变得更加有好奇心起来。他非常勤奋地学习各种新鲜有趣的知识，把看到和想到的，统统记下来，然后利用学到的知识解释自己以前感兴趣但又没有搞清楚的问题。虽然当时主要学习的是传统的文史知识，古诗词比较多，但是好奇的贝时璋仍然能够从中找到学习的乐趣。

凭着好奇心和求知欲，他不仅学到了不少天文、物理、化学、数学、动植物学方面的知识，还对蛋白质的生命意义有了初步的认识，开启了他研究生物的大门，为以后取得辉煌的成就奠定了良好的基础。

好奇是创造的基础和动力。只要有强烈的好奇心，并持之以恒地钻研下去，任何一个人都有创造发明的机会。

心理研究表明，当一个人对某些事物产生好奇时，他就会充满兴趣地去研究，他就会变得愉快、精神放松、大脑高度兴奋，他的创造性就会得到高度发挥。我们越来越意识到，在自己不感兴趣的领域里，要取得优异的成绩是很难的。是否具有强烈的好奇心和浓厚的兴趣，将在很大程度上决定着参与未来社会竞争的成败。

在我们的现实生活中，许多同学一直是被动地接受知识，一直缺乏积极主动探索世界的好奇心，再加上父母对我们好奇心的管制和干预，使得我们很多人都技能单一、反应迟钝，遇到能力范围之外的事情就手足无措。

所以，我们要永葆好奇心，有了好奇心才能不断去寻找想知道的答案，才能学到更多的知识，从而不断进步。

能充分利用上课时间的学生最轻松

如果在课堂上进行"打假"活动，一定会有很多收获。只要你留心观察，你就会发现每节课都会出现一些"身在课堂心在旁"的同学：有的人撑着下巴，眼皮竭力撑开，可最后还是抵挡不了阵阵袭来的困意，于是渐渐进入梦境，直到被同桌推醒；有的人一本正经地听课，一会儿看老师，一会儿瞄一下课本，然而这本包了封皮的课本却是一本小说；还有的人眼睛瞪得圆圆的，耳朵也竖起来，一副专心听讲的样子，但其实他的心早就飞到球场上去了，只要一提问，保准是什么都不知道；还有的人课上只顾着埋头记笔记，老师讲的内容却左耳听右耳冒。但是还有一些人一边认真听讲，一边低头记上一笔，他们积极地跟着老师的思路走，积极地回答问题，并向老师提出疑问……

课堂上情景不同，课下同样丰富多彩：有人拼命学习，抓紧每分每秒，可不管是平时的练习还是大小考试，这些认真学习的人都无法取得好成绩；而有的人课下轻轻松松，却毫不费力地取得好成绩。他们的区别就在于课堂上的不同。

事实证明，课上开小差，或不懂得如何运用课堂时间学习的人即使课下付出再多努力，成绩仍然比不上那些课堂上认真听讲的人。

因为，课堂是知识最集中的场所，每一节课都是经过老师精心准备的，都是精华。如果课堂上你不认真听讲，那么就意味着你错过了知识最精华的部分。同时，课堂也是一个解决问题的场所，在课堂上不通过提问解决问题，那么问题很可能就一直搁置，最后也得不到解决。

我们都知道课堂学习占据着我们大部分的学习时间，这就更加要求我们每一个人都要善于抓住课堂上的每分每秒，专心听讲，这样才能确保高效学习。只有笨拙的人才会舍弃课堂，而费尽心力把时间花在课堂之外。

所以，要想取得好成绩，充分利用课堂时间就显得十分重要了，那么该如何做呢？我们不妨从以下几个方面着手。

（1）课前准备。课前准备一定要做好，如课前预习和文具的准备等，课前预习，能够保证对知识脉络的掌握，这样就可以轻松地跟着老师的思维走。另外，预习中产生的疑问会迫使你更加专心听讲，最终使问题得到解决。而文具的准备是为了避免上课分心，以便提高听课效率。

（2）专心听讲。听老师讲课、听同学发言，并积极思考，这样可以使自己一直集中注意力。

（3）善于观察并发现问题，这样有助于集中注意力。

（4）大胆提问，增加课堂上的互动，促使自己加深对知识的理解和掌握，其实这也是提高听课效率的一种有效途径。

（5）认真做课堂上老师布置的习题，以检测自己对知识的掌握程度。

（6）善于记课堂笔记。不过不能因为要记笔记，就错过了老师的讲解，这样得不偿失。而且，记笔记要记书本上没有的，可以趁老师板书的时候记，听讲始终是关键！

让你的身体保持最佳状态

新学期开始了，有位同学在卧室的墙上贴了这么一张学习计划表。

周一至周五的学习时间表：18：00～19：00语文

19：00～20：00数学

20：00～21：00英语

21：00～21：40画画

洗漱，22：00点前休息

周六周日的学习时间表：8：00～10：00语文

10：00～12：00数学

午休

14：00～16：00英语

16：00～17：00画画

他的学习计划坚持了2个月，成绩非但没有提高，他还慢慢地发现，自己开始抵触起学习来了。虽然计划还在一直坚持着完成，但他总是觉得很累。

细心的同学可能已经注意到了，从周一到周五，他每天对每门功课的学习时间都定为1小时，而且中间没有间歇，周末因为时间比较充裕，他的学习时间翻了倍，可是中间还是没有休息时间。

这样的情况比比皆是。很多人大都存在着这样的心理：学习就一定要专心，而能够长时间学习就意味着进入状态了，相反，总是学着学着就出去玩的，就变成了没有一点学习样。所以，很多人激昂地发表宣言："我要学2个小时！"

但是，这样学习并不科学。

学习是一种高级的精神活动，视觉神经在接收到外界的信号刺激以后，把信号传到大脑，引起大脑皮质相应区域的兴奋。信号刺激强度和持续时间与这种区域兴奋成正比例关系，即强度越大、时间越长，兴奋就越高。大脑在这种兴奋状态下进行分析综合、判断推理、记忆理解，等等。一旦学习的时间超过大脑兴奋的极限，大脑皮质的该区域便由于工作过度而逐渐失去兴奋的能力，开始由兴奋过程向抑制过程转化，于是疲劳就产生了。

如果你发觉自己反复读一段文字仍然不能吸收，那么就表明你一天的学习量已经饱和了，应该立即停止学习。科学家调查表明：一天学习最适合的时间长度是 5 个小时。如果你是精力旺盛的人，学习的时间会延长些。

大脑是学习的机器，它的工作状态直接影响着学习的效率。学习作为脑力劳动，和体力劳动一样都会产生疲劳。当体力劳动产生疲劳之后，立刻休息片刻就可以恢复。但是，脑力劳动的恢复就不同了。即使停止学习，大脑兴奋也很难在短时间内平静下来，因此，对于大脑的保护就是休息和放松。

爱因斯坦疲劳后，就拿起他的小提琴拉上几首喜欢的曲子，使自己从那些符号中解脱出来。当有人问他的业余爱好时，他毫不犹豫地说："拉小提琴。"

马克思在研究中一旦感觉到疲劳，就找出一张草纸，画一些图，借助这种方法转移大脑的兴奋区域。

聪明的学习者，善于在自己的大脑产生疲劳前，及时转换学习的内容，或通过休息和运动转移兴奋点。

时刻让你的身体和大脑保持最佳的状态，你才能够高效学习，所以，不妨在学习累了的时候及时地让大脑解放出来，做一些简单的运动，或者是听听音乐、做做操、跑跑步，等等。

找到属于自己的高效学习法

在学习中，每个人的个性都各有其优势，不必羡慕别人，因为别人的方法未必适合你。丰富而自由的个性也是一个社会之所以具有丰富创造力的根本原因，没有个性的存在，没有个性表现的自由，就不会有创造力。所以，学习也要适合自己的个性，不能强求一致。

奥地利著名物理学家泡利出生于维也纳一位医学博士的家里。从童年时代他就受到科学的熏陶，在中学时就自修物理学。关于不相容原理的发现，泡利在他获得诺贝尔奖后的演说中讲到，不相容原理发现的历史可以追溯到他在慕尼黑的学生时代。在维也纳读中学时，他就掌握了经典物理学和相对论的知识。

由此可见，泡利是一个智力非常发达，并且有天才的气质和个性的人，他能够运用最适合自己的学习方法，把聪明才智充分发挥出来。因此，他很难按部就班地学习。

1918 年中学毕业后，带着父亲的介绍信，泡利来到了慕尼黑大学访问著名物理学家索末菲，他要求不上大学而直接做索末菲的研究生。索末菲没有拒绝，但还是有些不放心，可是不久就发现泡利的才能果然不凡，于是泡利就成为慕尼黑大学最年轻的研究生。

很快，泡利便初露锋芒。他发表了第一篇论文，是关于引力场中能量分量的问题。1919 年，泡利在两篇论文中指出韦耳引力理论中的一个错误，并从批判的角度评论了韦耳的理论。其立论之明确、思考之成熟，令人惊讶，很难让人相信这是出自一个不满 20 岁的青年之手。

从此，他一举成名。

我们可以看出，泡利的求学之路是跳跃式的，而这与他与生俱来的天赋和个性化的学习息息相关。

个性是一个人创新精神的基础，个性化学习能使学习者"见人所未曾见，道人所未曾道"，个性化学习有助于学习者在学习中不断推陈出新。

要知道，当今社会不需要生搬硬套、按部就班的人才，也不需要学习的奴隶，需要的是有自信、有理想、有创新、有个性的高素质人才。

经过仔细思考之后，你就会发现最高效的学习既要符合学习对象的特征，又要符合学习者的个性特征，将两者巧妙地结合才能有效地提高学习效率和学习能力。因此，学习者需要努力释放自己的个性。而且，在这个信息化人才成长的目标模式中，个性化学习这个新概念已经引起世界各国越来越广泛的重视，并且将会成为评价人才综合素质的一项重要指标。

第五章

以一当十的高效学习法

⊙ 合理制定学习目标

⊙ 优秀的学习计划是实现目标的蓝图

⊙ 适合自己的方法才是最好的

⊙ 不要只是看起来在努力

⊙ 将碎片化知识系统化

⊙ 学了不用，就是一种浪费

⊙ 知识越丰富，未来的景色将越壮阔

合理制定学习目标

一艘船在海上航行，什么样的状况下速度会达到最快，无风、顺风还是逆风？别急着说答案，让我们先搞清楚这艘船要到哪里去。

对一艘早已迷失了方向的船来说，风无论是往哪个方向吹，对它都没有意义。因为，没有目标，也就无所谓到达。

学习时，你是否常常听到父母唠叨，现在学习条件这么好，怎么成绩就提高不了呢？你是否认真思考过这个问题？这其实是因为你没有给自己制定一个学习的目标，你有些迷失方向了。这时候，请再好的家教，有再先进的教学设备，对你也是起不了作用的。

学习的事，我们都很重视，却往往容易流于形式。别看大家天天都在上课听讲、下课复习，要说收获呢，好像也有点，但具体有什么收获，或说收获有多大，又说不上来。

我们都有这样的体会，如果见过一个陌生人，过后让我们说说这个人长得是什么样，穿得是什么颜色衣服，我们大致都能说得出来。但若问他戴没戴手表，眼睛大还是小，就很难说清楚了。这是因为在见这个陌生人之前，我们并没有给自己定一个目标，一定要记一下他戴没戴手表。因为我们的不用心，简单的事也把我们难住了。

学习停滞不前的原因与此类似。我们总是不停地学，却从不花时间给自己定个目标，这样永远也无法真正学到知识。

有位学生，语文成绩总是上不去。为此，他每天都花不少时间阅读课文和各种作文选。阅读时他也感觉人家的文章写得好、写得妙，可自己的就是毫无起色。这是由于他的学习没有具体的目标，就流于一种形式，所以功没少用，却不是对症下药。如果他能明确地给自己设定一个目标：是学立意还是学布局，是学写好一个开头还是写好一个结尾，或是学习选择材料，那效果肯定会大不一样。

学习时，应该有明确的目标。这就如同练跳高，假如我们没有设置合适高度的横杆，而是毫无目的地跳，就不会产生积极性，也不会有技术上的提高，更无法体验到成功后的自豪和喜悦。学习时如果没有具体明确的目标，结果和跳高没有横杆高度是一样的。

目标是动力的源泉，顽强的毅力只为伟大的目标而生。学习目标明确，学习动力才能充足。目标决定动力，绳锯木断，水滴石穿。同时，目标越明确，盲目、被动的行为就越少，自觉、主动的行为就越多，效果也就越好。

设置学习目标，还应遵循合理具体的原则。

梁启超曾说："昔人常说，好打灯谜的人，无论看什么书，看见的都是灯谜材料。会做诗词的人，无论打开什么书，看见的都是文学句子。"可见，我们学习时，刻意注意哪一项，哪一项便会自然凸现出来，这也教会我们读书时大可不必字字留心，可以一个阶段一个阶段地逐一攻破。几遍之后，就可以同时照顾到几个注意点，而且毫不吃力。

设置学习目标，应该遵循合理具体的原则，不要制定不现实的高目标，而是要使自己跳一跳，就能够到桃子。目标应分为长期和近期的，近期目标如果实现了，就向更高点的目标迈进，逐渐地提高目标高度。

船在海上航行，动力固然重要，但失去了前行的方向，动力再充足也毫无裨益。学习也是如此，勤奋固然能帮助我们接触到更多的知识，但明确的目标却能够使我们更快、更牢、更轻松地驾驭学习。

优秀的学习计划是实现目标的蓝图

做任何事情要想取得成功，都必须在行动前制订一个详尽的计划，学习也不例外。学习计划是实现学习目标的蓝图，制订良好的学习计划，可以帮助我们有效地提高学习的效率。

不管如何，要想提高学习的效率，不可或缺的是要制订详细的学习计划。这对于在学习中爱拖拉、爱空想的人来说，显然很有帮助。

在学习的过程中，我们时常看到一些同学东走走西逛逛，左看看右翻翻，好像作业完成就没什么事可干了。这实际上是一种没有明确的目标、随遇而安的学习态度，很大程度上是由于没有为自己制订一个详细的学习计划造成的。

计划性强的学生，什么时间做什么事是非常有规律的，他们做完一件事后就会立刻去做另一件事，从来不会有无所事事、毫无目标的情况出现。他们对时间也抓得十分紧，轻易不会把大好时光白白浪费掉。

详细的学习计划使你的各项学习活动目标明确，在你努力争取自己的学习按计划进行时，由于学习生活千变万化，常常会出现一些意想不到的情况而影响计划的进行，如临时增加集体活动、作业增多、考试临近等，这些往往都会打乱你的学习计划。遇到这些情况，千万不能急躁，或者仍然死板地按计划进行，而是要及时调整自己的学习计划，增强计划的可行性，以适应变化了的学习情况。有时在计划实施的过程中会遇到困难，这时就需要你用坚强的意志努力克服困难，抵制诱惑，来实施学习计划。在实施计划时，每克服一个困难，完成一项任务，你就会在享受胜利喜悦的同时增强克服学习中困难的信心和勇气。

如果你长期按计划学习和生活，到时间就起床，到时间就睡觉，该学习时就集中精力学习，该锻炼身体时就锻炼身体，不预习或许就无法听好下一节课，不复习或许就不能做作业。这样就会使学习生活很有规律，你也能逐渐养成良好的学习习惯。

这种良好的学习习惯可以大大提高你的学习效率和学习质量。

下面是制订学习计划时应注意的一些问题。

（1）计划要全面。计划里除了有学习的时间，还应当有进行社会工作、为集体服务的时间；有保证睡眠的时间；有娱乐活动的时间。计划里不能只有三件事：吃饭、睡觉和学习。

（2）安排好常规和自由学习时间。常规学习时间就是学校规定的学习时间，主要用来完成老师当天布置的学习任务，"消化"当天所学的知识。在自由支配的时间内，一般可做两件事：补课和提高。自由学习时间应当成为制订学习计划的重点部分。

（3）长计划和短安排。在一个比较长的时间内，究竟干些什么，应当有个大致计划。例如，一个学期、一个学年应该有个长计划。有了长计划，还要有短安排，否则要实现的长计划目标不容易达到。

（4）突出重点，兼顾一般。所谓重点：一是指自己学习中的弱科，二是指知识体系中的重点内容。制订计划时，一定要集中时间、集中精力来攻下重点。

（5）不要脱离学习的实际。有些同学制订计划时满腔热情，想得很好，可行动起来，寸步难行，这是目标定得过高，计划订得过死，脱离实际的缘故。

（6）不要太满、太死、太紧。要留出机动时间，使计划有一定的机动性，这样完成计划的可能性就增加了。

（7）脑体结合，文理交替。在安排计划时，不要长时间地从事单一活动，学习和体育活动要交替安排。比如，学习了一下午，就应当去锻炼一会儿，再回来学习。锻炼时运动中枢兴奋，而其他区域的脑细胞就得到了休息。安排科目时，文科、理科要交替安排，相近的学习内容不要集中在一起学习。

（8）提高学习时间的利用率。早晨或晚上，或一天学习的开头和结尾的时间，可以安排着重记忆的科目，如外语；心情比较愉快，注意力比较集中，时间较完整时，可以安排比较枯燥，或自己不太喜欢的科目；零星的、注意力不易集中的时间，可以安排做习题和自己最感兴趣的学科。这样就可以有效地提高时间利用率。

适合自己的方法才是最好的

当前，知识更新速度与日俱增，时代对我们提出越来越严格、越来越多样化的学习要求。单凭"铁杵磨成绣花针""功到自然成"的方式，是无法适应目前的学习的。今日的学习成败，不仅取决于勤奋、刻苦、耐力与花费的时间和精力，更取决于我们的学习方法。

1980年，美国哈佛大学物理系教授、诺贝尔奖得主史蒂文·温伯格对《科技导报》记者说：学生最重要的特质是具有向知识"进攻"的本能，而非安于接受书本上给出的答案。

事实上，学习成果的好坏，与能否用自己喜欢的方式学习密切相关。哈佛大学优等生、美国第一位诺贝尔化学奖得主理查兹说过："最有价值的知识，是关于学习方法的知识。"就像有些运动员一样，他们不一定完全按照书里要求的"正确姿势"来做动作，而是利用最适合自己的姿势去锻炼，最后反而获得了冠军。我们的学习也是一样的，如果你只知道循规蹈矩、按部就班地照着那些所谓的"最好的"方法来学习，效果可能会更差。

用自己喜欢的方法学习，是提高学习能力的重要环节。英国有位社会学家曾经调查了几十位哈佛大学毕业的著名人士，发现他们大多认为学习时，最重要的就是用自己最喜欢的方法学习。而法国著名生理学家贝尔纳也深有感触地说："适合我的方法能使我发挥天赋与才能；而不适合我的方法则可能阻碍才能的发挥。"由此可见，用自己最喜欢的学习方法可以使学生在知识的密林中，成为手持猎枪的猎人，获得有效的进攻能力和选择猎物的余地。

当你试图采用自己不喜欢的学习方法学习时，你就好像是在逆风行走，非常困难。因而，有些同学就会逃离课堂，还有更多的同学会感到十分疲倦，还有些同学甚至觉得自己是个笨拙的学习者。

而当你找到了自己最喜欢的学习方法并运用它时，你学习的过程就像在顺风行走，风速加快了你行走的速度。运用你最喜欢的学习方法学习会提高你的脑力，使学习的过程变得非常轻松，效率也会大幅提高。

我们在实际学习中也有所体验，有些同学喜欢独自一个人阅读，有些同学则在群体中会学得更好。有些同学喜欢坐在椅子上学习，有些同学则喜欢躺在床上或地板上学习。有些同学喜欢在比较自由的情形下学习，他们不喜欢墨守成规，需要多一些自由选择的机会，如自己决定学什么、从哪儿开始学等。而另一些同学则喜欢在按部就班的情形下学习，他们需要老师或家长告诉他们每一步该怎么做。

这些学习方法中，哪一个才是最好的呢？答案是你最喜欢、最适应的，就是最好的。学习是个人行为，必须采取自己最喜欢的方法。

因此，我们在平时的学习中要善于利用自己最喜欢的方法进行学习，如果你喜欢看电影、电视，就从影像资料中学习；你喜欢看报纸、杂志，就从阅读中学习。但必须牢记一条：这种办法一定要和自己所学的课程有机地联系起来。

不要只是看起来在努力

　　人类定义了时间，设定了时间的年月日、时分秒来度量，却反过来，处在时间的控制之下。

　　你怎么看呢？人类是不是常常为时间所制呢？你在学习中是不是常常划定一段时间来学习呢？

　　老师们常常在下课前对饥肠辘辘、蠢蠢欲动的我们宣布："过3分钟才开饭呢，急什么！"也就是说，我们得眼巴巴望着秒钟在时钟盘上转3圈以后，才能冲进食堂狼吞虎咽。

　　的确，有时我们的生活需要时间来做安排。比如，时间决定校门几时开，几时关；时间决定课间休息什么时候开始，什么时候结束；时间决定我们的父母该几点去上班；时间决定火车几点钟开车；时间决定动画片什么时候在电视上播出……我们被框在一个个时间的小方格里。

　　时间让我们感到害怕，钟表上的时间好像是我们的无形指挥棒。在日历上，在计划表中，在详细的学年安排中，我们处在这张无边际的时间之网内。

　　在学校，我们常常在等待倒计时牌上的数字变为6个零，之后才松一口气，似乎我们的学习只是为了熬时间。结果时间白白地过去，我们却没有任何实际的收获。我们总是胡乱地说要学几个小时，却从不认真想为什么要学、学什么，效果自然不会好。

试着想想下面的情况吧，你就不会如此草率地决定学几个小时来完成任务了。

当老师对我们说还有 3 分钟才开饭时，我们还可以这样说："如果肚子饿了，就上桌吃饭吧！"这样的想法就是由饥饿感在决定，而不是时间。

在学习中，由于听任时间指挥，我们给自己划定一个个死规定，比如，还看几个小时的书啊，还做半小时的作业啊，再读一刻钟书啊，学习成了时间的奴隶……

毕竟，学习不是为了打发时间、完成任务，而是一种乐趣，不是死板地规定学多久，而是在学习中忘了时间流逝。

你可能经常陷入下面的误区。

制订一个个的学习计划，这门学习几个小时，那门复习几个小时。你放学回家，书包还没丢下，或者还在回家路上，就开始规定今夜学习几个小时，否则不关灯睡觉。这样，你注重的只是那几个小时时间，你将这时间看得比学习的成效更重要，不达到终点绝对不上床睡觉。

何不尝试改变一下呢？你可以不让时间做你的主人，而是以学习中理解和学到的知识为准，比如说："弄清楚了这些答案的原因，再关灯睡觉吧。"

天才们往往没有哪个局限于时间，他们也并不是靠死板地规定学习多久而成就他们的伟大的。

曾经有一个年轻人拜访了一位 80 多岁的老学者。在学者那狭窄的书房里，年轻人向学者倾诉了内心的困惑。

学者："你应该抓紧现在和未来的日子。"

年轻人："是的，我在尽力。但是，我已经浪费了十几年。"

学者摇摇头："达尔文说他贪睡，把时间浪费了，却写了《进化论》；奥本海默说他锄地拔草，把时间浪费了，后来成为'原子弹之父'；海明威说他打猎、钓鱼，把时间浪费了，后来获得了诺贝尔文学奖；居里夫人说她为孩子和家务浪费了时间，然而她不但发现了镭，而且还把孩子教育成了科学家。"

这些大人物都是善于掌控时间的高手，在时间里，没有局限。他们就像一条条小鱼，自由自在地游弋在时间的海里。你羡慕他们伟大成就的同时，是否细想过这背后的奥秘呢？

如同在你的学习中一样，你所要的不是严格地强求自己学到几时，不是胡乱地做打算，而是首要看你的学习效果，自己消化了多少，确实弄明白了多少。

学习是一门利用时间和时间赛跑的艺术，若胡乱地给自己限定学习几个小时，那就好比你原来是海里的鱼，现在溯江而上，甚至钻到湖泊池塘里了，境界越来越狭窄了。

一条搁浅的鲸是会渴死的。让你的学习像海一样，沉浸在求知追真中，假如这种热情一以贯之，你还会圈定这些死框框吗？

将碎片化知识系统化

有人说，智慧不是别的，而是一种组织起来的知识体系。这是指系统化知识，而形成系统化知识正是复习的中心任务。

只有通过系统复习，才能使知识概括化、条理化，真正"串"起来，如同串珍珠一般。

要想把学过的知识如串珍珠般串起来，必须通过系统的复习来完成，具体步骤如下。

（1）阅读。阅读就是围绕复习的中心课题，认真地看书、看笔记等。通过阅读使掌握的知识迅速回到原来曾经达到过的水平，在阅读过程中，如果发现了不懂的问题要及时弄懂，发现没有记住的知识，要想办法记住。

在阅读时，要注意以课本为主，在阅读前，尽量采用尝试回忆的办法，先自己考考自己，看看独立掌握知识的情况，如果坚持把回忆和阅读结合起来，并坚持多思考，阅读时就会更加专心。另外，阅读速度可以根据对知识掌握的实际水平来决定，凡是学得较好的部分，可以很快地过一下；掌握得不太好的部分，则要多花点时间，并留下记号，以便在以后学习时提醒自己。此外，还可以通过记笔记的形式来巩固自己的思考成果，并作为下一步整理复习笔记的原始材料。

（2）整理。整理指整理出系统复习的笔记。通过艰苦的思考，终于形成了完整而又系统的知识体系。此时应当十分珍惜这个学习成果，并及时用复习笔记的形式，把它记录下来，使这些思考的成果，可以长久地保存下来。

有了复习笔记，可以使学习保持连续性。再复习时，就可以迅速回到原来曾经达到过的最高水平，以这高水平为起点，再进行更深一层的学习。这样，复习笔记就变成了学习进程中的"里程碑"，从而保持了学习的连续性，避免学习时一次又一次简单的重复。

有了复习笔记，有助于实现知识由"繁而杂"向"少而精"的转化。不少学生经过一次次的努力，终于把厚厚的一本书变成薄薄的几页笔记；把一个复杂的专题变成一张系统表；把容易混淆的概念变成一张比较表；把不易记忆的内容改造为醒目的图示；把复杂的内容变成一张关系图，总之，把书上密密麻麻的文字描述变成了各式各样的笔记形式，如果再使用彩色笔就更加醒目了。

有了复习笔记，时常拿出来看看，可以起到提纲挈领、强化记忆的作用。因为一看复习笔记，就能迅速抓住知识的全局、重点、难点，以及内在联系，又由于是自己整理的，印象深刻，因此是一份极难得的"备忘录"。

有了整理复习笔记的愿望，复习起来就会更加专心。因为在掌握知识的基础上，还要进一步考虑怎样把已经形成的"知识之网"，用最形象、最简明、最醒目的方式表达出来，这种考虑本身就推动了复习时的思考。没有整理笔记的愿望，系统复习时就容易分心。

（3）练习。阅读和整理主要是为了解决知识的深入领会和巩固的问题，当知识系统化以后该干什么呢？要做一定数量的习题，通过做习题去发现问题，然后再深入地读书钻研、加深领会，继而再做题，这个过程是可以不断深入进行的。不少同学自认为复习得挺好，可是一做题，就知道自己的肤浅了，从而促进了对问题的钻研。

在系统复习时，适当做点习题，可以培养运用知识解决综合问题的能力。因此，每做好一道题之后，要注意回味一下，整理出解题的思路逻辑关系和划分好题目的类型等，以便举一反三，提高解题效率。

当然，在练习后，还要认真地把自己曾做过的与专题有关的全部习题进行分类整理，这项工作在系统复习的后期进行为好，整理后再做有关习题会感到容易得多。

（4）熟练。熟练指的是记忆、表达和解题要达到熟练的程度。这就需要按照记忆规律反复记忆，认真练习。对基本概念和原理，对典型的习题要力求达到精益求精的地步。

现在的重大考试，题量都比较大，如果知识掌握不熟练，在考场上就往往完不成任务。因此，对自己要提出更高的要求，知识不仅要弄懂，还要牢记；不仅要牢记，还要会运用；不仅要会运用，还要能熟练、高效率地解决问题。当然，根据学科的不同特点，对熟练程度也有不同的要求，不能一律简单地理解为背得熟，解题快。实验学科的动手操作，也要达到熟练的程度。

学了不用，就是一种浪费

不管你是不是喜欢读书，但实际上你已经读了很多年的书了，对吗？从图画书、童话书到手工书、教科书，还有谜语书、作文书……各式各样的都有，种类多极了。等长大以后，可读的书更多了，我们却把它们只简单地分为两类：有字的书和没字的书。

如果你读过一本书，清楚地记下书上的每一个字，之后就认为你的学习已经完成了的话，那可就错了。

你知道著名教育学家陶行知改名的故事吗？

陶行知，原名文濬，年轻时在南京金陵大学文学院求学时，赞同明代王阳明的观点："知是行之始，行是知之成。"于是改名陶知行。后在南京创办晓庄师范，认为应当是行先知后，行而后知，于是将名字改为陶行知。"知"字和"行"字只是顺序做了颠倒，意义却非同小可，它告诉我们要重视实践，实践中得来的知识往往更加重要。

有一个人，进城去卖竹竿，可是在他要进城门之时却发觉竹竿横竖均不能进入城门，他非常气恼。这时走过来了一位读书人，这位读书人为他出了一个主意，让他把竹竿从中间折断，就可以进城了。事后，这位读书人还非常谦逊地说："吾非智者，无非见者多矣。"多么可笑！可在你笑过以后，再仔细想想，或许读书人真的才高八斗，只是不懂得正确运用，有知识倒不如没有。真正的知识往往是在思考和运用的过程中得来的，而不是完全来自老师的传授。一个人越是善于运用自己的知识，他的知识增长得就越快。

怎样真正做到学以致用呢？在大量阅读之余，我们不妨换一个角度观察日常生活，在琐碎的常理当中多问一些为什么，然后试着运用所学的知识做出解答。

阅读"有字之书"可以学习前人积累的知识并从中借鉴，避免走弯路；读"无字之书"则可以学到书本上没有的知识。

齐白石的画，卓尔不群，活灵活现，而这正是来自他对"无字之书"深入细致的观察。齐白石的好友老舍在某年春节时，选了苏曼殊的四句诗请他作画。诗中有一句"芭蕉叶卷抢秋花"，齐白石从没见过"芭蕉叶卷"是什么样，而当时又正好是北国的严冬，没有实物可进行观察，他为了弄清楚芭蕉的卷叶到底是从右到左的，还是从左到右的，逢人便问，但是，很多人都没有进行过细心观察，所以都不敢肯定是哪一个答案。这个在别人看来似乎微不足道的原因使得他最后放弃了为老舍作"芭蕉叶卷"画。

这又应了一句话：纸上得来终觉浅，绝知此事要躬行。正是齐白石对客观事实、对实践的尊重，才使得他的作品始终保持着一定的水准。

现在我们明白了，要把书本上的知识运用到实际中，边读书边实践，这样我们已学到的知识才不会白费。并且，从生活这本无字的大书中，可以获取够我们享用一生的内容。

知识越丰富，未来的景色将越壮阔

学习无处不在，处处都能扩展我们的知识面。生活中的学习资源不仅仅是一些细枝末节，还包括很多生活中被人熟视无睹的东西。学习过程中只要用心，就可以通过对这些事物的观察和探究，不断地增长见识，丰富自己的知识。

有这样一个笑话：古时候，在某地方的大山沟里，有兄弟二人以打柴为生。有一天，兄弟俩一边磨斧头，一边闲聊。

弟："还是当皇帝好——皇帝砍柴用的斧头肯定都是金子的！"

兄："哎呀，我说弟弟，你怎么这样没见识，皇帝还用得着砍柴吗？皇帝一天到晚在皇宫里，净吃红薯蘸糖！"

这就是兄弟二人的"知"和"识"。我们也许会觉得很可笑，但这却启示了我们，知识贫乏是多么的可笑。

据科学界最新研究，"智能"的密码已被英国计算机专家汉特里克逊和他的妻子爱兰破解。他们通过长期的研究和实验，发现人精确的记忆力、敏锐的理解力和活跃的想象力等一切反映智慧的能力，是由在脑神经元之间传递信息的能力决定的。而信息传递所依赖的要素之一是一种特殊的核糖核酸。这种物质，主要是在后天智力发育过程中不断激发而合成的，也就是靠学习、训练、实践、思考而形成的，一句话就是知识。不断地增加新知促识使脑细胞长出新突触，就像计算机的逻辑电路一样，每增加一条线路，就成倍地增长"思路"，进而使大脑里的信息大量"增殖"，从而达到创新的目的。

所以说，我们的知识面越广，成绩就越优秀。在知识的山峰上站得越高，眼前展现的景色就越壮阔。一个人的知识越多，他去获取新的知识就越容易。

在学习中随着知识的增长，我们的思想也必须重新加以组合。这种变化通常总是伴随新定律出现，并按照要求而发生。

因此，知识面的宽窄决定了学习潜能的大小，正所谓"见多"才能"识广"。一个人的知识越丰富，他的联想才会更丰富，知识之间的组合才能越丰富，创新能力才会更强。同时，当旧的知识不能处理当前问题的时候，又会促使他去学习新的知识，这样，在不断地积累和创新中，就能够充分地释放出一个人的学习潜能。

著名的哈佛大学就十分注重要求学生具备宽广的知识面。

哈佛大学强调人文科学与自然科学并重，它主张一个在未来社会具有发展潜力和竞争力的学生必须具备宽广的知识面。于是，它打破了传统的学科界限，建立了开放的课程体系。

哈佛大学不强调分数，不提倡死读书、读死书，提倡无压力状态学习方法。哈佛大学的学生，学得自由开放。本科生在规定的 3 年内取得相应学分，即可毕业。每周的课程，由自己安排相应的时间学完，倘若上午或下午打工，则可以晚上学；下午有事，可以上午学。教师准时赶到规定的地方讲课，学生可以是三五十人，也可能是三五人，同修一个专业，但并不同一时间上课。学生的课程安排有充分的自由度，而且所学专业要求涉及的知识面很广。

由此，我们也可以看出一个人知识面宽广与否的重要性。因此，在学习的过程中，我们要尽量全面地学习各科的知识，不断地充实自己的大脑，让自己有丰富的知识，可以为自己所用，这样的人，才是学习中的优秀者。

第六章

思考让学习乐在其中

真正的知识来自思考

美丽的自然总是能给我们各种各样的惊喜，但如果问，宇宙万物什么是最神奇、最伟大的，那就是人的大脑。善于用脑思考，不断地探索新的知识，你的学习过程也将充满无穷的乐趣。

美国著名学者彭威廉说："真正的知识更多地来自思考，而不是书本，在学习的过程中应该用'脑'学习，而不是用'眼睛'学习。"用眼睛学习的知识在脑中依然是知识，知识是会过时的、被遗忘的。而用脑学习的知识则通过思索将其转化成了方法、智慧，并培养了自己的主见与独立思考能力，成了人生命中的一部分，这是一个人真正的能力。

爱因斯坦小时候就是一个善于用脑思考的孩子。当别人向他提出问题时，他总是先在头脑中把答案想好了，然后小声预读一遍，直到自认为没有错误时才大声说出来。他这种回答问题的方式让听话人感到非常着急，恨不得从他嘴里把话抠出来，然而，这正是他与其他孩子的不同之处。

爱因斯坦家的房子周围有一个花园，他经常一个人长时间地蹲在花园角落的灌木丛里，用手抚摸着小叶片或者凝视着匆匆爬行的蚂蚁。他很小就喜欢冥想，想了解大自然的奥秘。一次，在依萨尔河岸野餐时，一位亲戚说小爱因斯坦很严肃，当其他的孩子都在玩耍、逗乐时，他却独自坐着看湖的对岸。母亲玻琳深情地为自己的孩子辩护："他是沉静的，因为他在用大脑思考。等着吧，总有一天他会成为一个教授。"那位亲戚感到可笑，但也理解母亲的心情。

爱因斯坦这种不拘常规、具有创造性独立思考的习惯在学习过程中更是显露无遗，他从来不愿按老师讲授的那些标准方法去解决问题，往往要经过很长时间的思考才能得出答案。他甚至不愿意未经思考就去接受老师教的每一个字，这在一般人看来简直是不可理喻。难怪爱因斯坦的父亲到学校与校长讨论儿子的前途时，校长很遗憾地告诉他："你的孩子无论在哪一方面都不会成功，因此也无前途可言。"

但是，这个被校长认为无前途可言，无论做什么事都不会成功的孩子，最后却成了伟大的科学家。

他的成功，可以说是因为其善于用脑思考，敢于创造性地学习。

善于用脑思考既是一种能力、品质，又是一种习惯。要想具备这种能力，首先要养成良好的思维习惯，进行创造性的学习。而对知识保持旺盛的求知欲又是养成良好的思维习惯、进行创造性学习的前提，没有强烈的求知欲，你自然就不会去开动自己的大脑。同样是一本书、一节课，如果你对它感到厌烦或无所谓，你便会觉得自己的大脑是麻木的、烦躁的，这时就谈不上热情，更谈不上用大脑思考，去创造性地学习了。反之，如果你能充分地激起自己的求知欲，觉得里面充满有趣的知识，觉得当你掌握了它们，会感到高兴、自豪，那么你的大脑就会始终处于兴奋而活跃的状态，而不是人们常说的"木头疙瘩"了。

一个善于用脑思考的人，他的学习绝不会毫无目标、枯燥乏味，因为思考是为了以后更好地学习，为了在下一步学习时，能取得更大的进步。

在哈佛大学，有这样一幅令人惊讶的场景：当你走进哈佛大学的课堂，你会发现有的学生不是好端端地坐在椅子上，而是躺在地毯上，头枕书包，一边听课，一边喝着饮料，其他的学生，以及教授本人，都没觉得这有什么不妥。这种自由和个性，正是哈佛传统所提倡和维护的。一个让所有学生按一个标准的动作坐着上课的学校，肯定也会让所有的学生按一种标准的方式进行"思考"，这不是哈佛大学提倡的自由思考。

独立思考才能真正聪明起来

"学而不思则罔"，思考是学习的灵魂。在学习中，知识固然重要，但更重要的是驾驭知识的头脑。

你是不是经常听到老师、家长对你说："你要学会独立思考……"

他们为什么这么注重独立思考呢？因为只有独立思考了，你才会有自己的想法，长大后才能成为一个独立的人，否则你就得一辈子依靠别人，那样的生活你会觉得有意思吗？

开动我们的脑筋，我们的世界会更加精彩。善于独立思考能够帮助我们更好地获取成功。

伟大的物理学家爱因斯坦说："学会独立思考和独立判断比获得知识更重要。不下决心培养思考习惯的人，便失去了生活的最大乐趣。"

要知道，思考好比播种，行动好比果实，播种越勤，收获越丰。一个善于独立思考的人，才能品尝到金秋的琼浆玉液，享受丰收的喜悦。

微软创始人比尔·盖茨从小显露出的最大特点就是不停地思考。对外界的一切，他常常置若罔闻，甚至整日躲在他的卧室里不出来。当母亲问他在干什么的时候，比尔·盖茨总是说："我正在思考！"有时他还责问家人："难道你们从不思考吗？"比尔·盖茨的头脑似乎时刻都在高速运转。直到现在，微软公司还流传着这样一种说法："和大多数人谈话就像从喷泉中饮水，而和盖茨谈话却像从救火的水龙头中饮水，让人根本应付不过来，他会提出无穷无尽的问题。"

比尔·盖茨之所以能够取得辉煌的成就，与他从小养成的善于独立思考的良好习惯是密不可分的，这种思考习惯使比尔·盖茨大受其益。由此可见，培养独立思考的习惯会使我们受益终身。

我们在考试时面对试卷中的问题，不可能向别人请教，只能独立思考。所以，要想让自己取得好成绩，就必须在平时培养独立思考问题的习惯。

培养独立思考的习惯，你可以从以下两方面着手。

（1）用自己的话讲知识。经常用自己的话，把一段时期学到的知识讲出来，可以讲给父母或小伙伴听，讲得越通俗越简单越好。把课本的话变成自己的话，需要一个独立思考的过程，长期坚持下来，你就会养成独立思考的习惯。

（2）经常对各种题型整理归纳。我们可以在做了一定量题目的基础上，对题型分类整理，概括出每种题型的解题技巧和注意事项。通过这种独立的思考，以后再见到类似题型，就能很快得出正确答案了。

如果你不善于独立思考，那么将对你各方面能力的培养产生极大影响，你就不能有效地运用各方面的能力，去独立地分析解决问题，特别是遇到新问题的时候。说得具体一些，就是许多同学在解题时不会独立处理问题，不是由于题目做得少，而是缺乏独立思考的能力和习惯。如果你平时对每个问题都能独立地进行分析思考，遇到问题自然会去钻研，并且能把问题处理好。

此外，要培养独立思考的能力，还要给自己一个独立思考的空间。

（1）创造一个思考的氛围。我们应该拥有自己的世界和空间，和同学、朋友们一起开动大脑，共同思考，形成互动，创造共同努力、共同进步的氛围。

（2）学会独立思考。要养成凡事自己思考、自己判断的好习惯，不要一遇到事情就直接问父母：我该怎么办？我该怎么做？而要学会问自己：我要怎么办？我能怎么做？

（3）学会创造性地思考。要有意识地养成追根究底的习惯，凡事都要问个为什么。同时要自己努力寻找答案，不要光是坐着等待别人来告诉你答案。要学会不断地探索谜底，钻研问题。不会思考的人将一无所获，而善于思考的人才会享受到丰收的喜悦。我们要学会不断地给自己提出问题，认真地思考问题，独立地解决问题，这样我们才能使自己接近成功的殿堂，走向优秀。

在培养独立思考、独立解决问题能力的过程中，你要学会借鉴别人的方法、经验，找出其中的差异点，思考自己的不足。不要盲目照搬别人的经验，要学会质疑，不但要敢问，还要学会怎么问、问什么。

创造性学习才能催化成功

创新犹如新鲜的血液，赋予人活力，促使文明不断进步。几乎每一个科学家的身上都凝聚着创新力，他们的故事告诉我们，要不断创新，敢于质疑一切，是创造性学习引导他们一步步登上科学的高峰的。

美国数学家、哈佛大学教授维纳小时候解题从来不满足于一种解法。维纳3岁时就开始学习数学，7岁时开始深入地研究数学问题。高中时，他碰上了一个平庸的数学老师。有一天，这位老师在发试卷时，先发自认为是好学生的试卷，然后发中等的，最后才发自认为是成绩最差的学生试卷。发到最后一个，他声色俱厉地喊道："维纳！你为什么错了这么多？"

原来维纳用了自己创造的"直接法"来解题，和书本上的方法不一样，就为这件事，数学老师批评了他好长一段时间。

"老师，我这么做其实有理由的！"维纳不服气地说。

面对老师的指责他理直气壮地走上讲台，将自己创造的解题方法写在黑板上分析，同学们都认为他的解题方法也对，那位老师没有办法，只好让他下去。

在以后的数学研究中，维纳始终坚持对每道题多想一些解法，正是坚持了创造性的学习、多想一些解法，使得维纳日后成为著名的数学家。

儿童时代的创造性是自发、幼稚的，自发、幼稚的创造性是不会长久的。事实上，一般人的创造性如电光石火，瞬息即逝。而科学家一旦被激起好奇心理，它所点燃的思维火焰，不到问题彻底解决是不会熄灭的。因此，要想学有成就，仅有创造性还不够，还要不断地追随创造性学习，点燃思维的火焰，把学习引向深入。

创造性的学习方法有以下几种。

（1）要激发自己的丰富想象，提高创造力水平。

（2）探源索隐。学习中，从事物的联系中思考。追索偶然发现的起因，在掌握知识的同时，探源索隐，追寻前人发现与发明定律、定理和公式的思路。从寻找事物的各种原因中，探索创新思维方式，激发自己解决问题的潜能。

（3）要善于比较，从比较中打开思路。不谋求唯一正确答案，要"逼迫"自己通过不同的思路达到同一目标。从比较中，发现新问题、新情况，发现老问题的不同解决办法，发现已知情况的新变化，使自己的创造欲在执着的追求中受到激发。

（4）立体思考。要研究认识对象的一切方面、一切联系和"中介"。纵串横联，立体思考，从事物方方面面的联系上，去发现问题及与其相关的各种关系，从而获得解决问题的方法。

正确思维更易解决问题

思维，简单地说就是思路，就是思考问题的路线、途径。思考问题都要遵循一定的路线途径，也就是都要运用一定的思维方法。碰到困难时，学会用正确的思维方法去思考，往往很轻易就能找到解决的方法。

但是思维方法究竟有哪些，这是很多人并不熟知的。下面，我们就简要地介绍几种常用的思维方法，希望能给你们提供帮助。

1. 平面思维法

"平面"是针对"纵向"而言的，"纵向思维"主要依托逻辑，只是沿着一条固定的思路走下去，而"平面思维"则偏向多思路进行思考。打个比方，在一个地方打井，老打不出水来。纵向思考的人，只会嫌自己打得不够努力，而增加努力程度。但用平面思维法思考的人，则会考虑很可能是选择的地方不对，或者根本就没有水，或者要挖很深才可以挖到水，所以与其在这样一个地方努力，不如寻找另外一个更容易有水的地方打井。

比较而言，"纵向"总是放弃别的可能性，所以大大局限了创造力；而"平面"则不断探索其他可能性，所以更有创造力。

2. 侧向思维法

假设你是一家电影公司的职员，现在，公司要在另外一个城市开一家新的电影院，于是安排你做一件事情：在 1～2 天的时间内，帮公司寻找一个最适合开电影院的地方。你该怎么做呢？

电影院生意要兴隆，首先得人气旺。而人气要旺，就必须将位置选在人流量大、消费能力强的地方。这时，很多人很容易根据常规思维，用测算人流量的方法去解决，其中最直接的方法（正向方法），就是每天派人到各处实地考察，但这样需要耗费大量的时间和精力，短时间内得出结果根本不可能。还有一种办法就是请专门的调查公司去做调查，那花费肯定是不小的。除了这两种方法，还有一种方法要巧妙得多：那就是可以到将要开设电影院的城市的所有派出所进行调查。调查的目标十分简单：哪个地方平时丢钱包最多。然后就选择丢钱包最多的地方开电影院。这样做是因为钱包丢失最多的地方，就是人流量最大、消费活动最旺盛的地方。这个方法就是侧向思维法。它的具体做法是：思考问题时，不从"正面"的角度去考虑，而是通过侧面来思考和解决问题。

3. 系统思维法

系统思维是一种逻辑抽象能力，也可以称为整体观、全局观。它的核心，就是从整体性原则出发，考虑问题时坚持立足整体、统筹全局、把握规律。运用系统思维法，有利于解决较复杂、烦琐的难题，而取得一举多得、事半功倍的效果。

北宋真宗时皇宫失火被毁，大臣丁谓受命重建。当时，建筑材料只能由水路运到汴河，距皇宫尚远，而建筑用土也要从很远处拉来，烧毁的瓦砾又必须拉到郊外。针对此种情况，丁谓首先下令顺着皇宫前的大道开了一条长渠，将开渠的土用于建筑；而这条长渠又把汴河一直引到工地，运料船只就可以直接到达皇宫；修好后，再把瓦砾等回填到渠中，恢复了原来的大道。如此"一举而三役济，计省费以亿万计"。

4. 联想思维法

联想思维法是指人们在头脑中将一种事物的形象与另一种事物的形象联系起来，根据它们之间共同或类似的规律，从而解决问题的思维方法。

1944 年 4 月，苏军决定歼灭盘踞在彼列科普的德寇，解放克里木半岛。4 月 6 日，已进入春季的彼列科普突降大雪，放眼望去，大地一片银装素裹。苏联集团军炮兵司令在暖融融的掩蔽体里，注视着刚进来的参谋长，只见他双肩落满了一层薄薄的雪花，其边缘部分在室内的暖气中开始融化，清晰地勾画出肩章的轮廓。司令员突然联想到：天气转暖，敌军掩体内的积雪也将融化，为了避免泥泞，他们肯定要清除掩体内的积雪，这将暴露其兵力部署。于是，司令员立即命令对德军阵地进行连续侦察和航空摄像。苏军只用了 3 个多小时，就从敌军前沿阵地积雪出现湿土的情况中，推断出了敌人的兵力部署。随后苏军立即调整了进攻力量，一举突破防线，解放了克里木半岛。

5. 超前思维法

超前思维法，是指多角度、全方位分析事物的历史和现状，从现实出发，认识未来，把握未来的发展趋势，获得常人不能得知的信息，从而提前做出正确判断的思维方式。它一旦被人们掌握，就会对事业成功起到巨大的推动作用。

二战后，战胜国决定在美国纽约建立联合国。洛克菲勒家族听后，立即出资买下一块地皮，并将这块地皮无条件赠予了联合国。同时，洛克菲勒家族亦将毗邻这块地皮的大面积地皮全部买下。对此，很多人不理解，他们纷纷断言，洛克菲勒家族将破产。但让所有人惊叹的是，联合国办公大楼刚刚建成完工，它四周的地价便立刻飙升起来，相当于赠款数十倍、近百倍的巨额财富源源不断地涌进了洛克菲勒家族财团。

洛克菲勒家庭的超前思维，真令人拍案叫绝。

6. 发散思维法

发散思维法又叫辐散思维法、求异思维法，是根据已有信息，从不同角度不同方向思考，从多方面寻求多样性答案的一种展开性思维方式。

在一次欧洲篮球锦标赛上，保加利亚队与捷克斯洛伐克队相遇。当比赛剩下 8 秒钟时，保加利亚队以 2 分优势领先，基本已经稳操胜券。但是，那次锦标赛采用的是循环制，保加利亚队必须赢球超过 5 分才能取胜。可是，仅用剩下的 8 秒钟再赢 3 分，谈何容易。

这时，保加利亚队的教练突然请求暂停。许多人对此举付之一笑，认为保加利亚队大势已去，被淘汰是不可避免的。教练即使有回天之力，也很难力挽狂澜。

暂停结束后，比赛继续进行。这时，球场上出现了众人意想不到的事情。只见保加利亚队员突然运球向自家篮下跑去，并迅速起跳投篮，球应声入网。这时，全场观众目瞪口呆，全场比赛时间到。当裁判宣布双方打成平局需要进行加时赛时，大家才恍然大悟。保加利亚队这出人意料之举，为自己创造了一次起死回生的机会。加时赛时，保加利亚队赢得了 6 分，如愿以偿地出线了。

青少年朋友，多掌握几种思维方法，相信对你的人生和事业将大有裨益。

不追求唯一答案，让学习别样美丽

在学习中不能一味追求唯一答案，其实学习的真正快乐，往往就在于对答案的探寻，哪怕你给出的答案非常离谱。

有位大学教授曾这样说："一个读完大学的普通学生，一共要经历 260 多次的测验、考试。于是'标准答案'的观念在他们心中根深蒂固，所以他们很多人都坚信，一些问题仅有一个标准的答案，而这种观念也一直在支配着他们的学习。"

学习中，我们往往为了追求这个唯一正确的答案，而局限了自己的思维，并且觉得学习是件辛苦的事情。因为答案是唯一的，稍不留神，便徒劳无功。若遵循这种想法，便会产生一种内在的压力，学习起来自然容易疲劳。

但事实是，学习中的大部分问题并不是这样的。任何一门学科、公式和定理都是人创造出来的。我们需要做到活学活用，这样，学习才有趣味可言。可是在大多数学校里，教给学生的却是"定理和公式是肯定的、一成不变的"，这是很荒唐的。正确的做法应是让学生明白"定理和公式是可以改变的"。

如果学生长期受这种"唯一标准答案"的影响，我们可以说这种教育是不成功的，至少它破坏了我们轻松学习的习惯，还会束缚我们的思维。如果说学习的结果只是为了追求唯一正确的答案，那么必将是一件非常可悲的事情。同时，我们所积极提倡的一切快乐、轻松地学习也将化为乌有。甚至，我们还会给自己蒙上一层惧怕学习的阴影。因为谁也不能保证，我们的答案恰巧就是正确的。

现在问你这样一道最简单的数学加法题："1＋1 得出的结果到底是多少？"你应该眼也不眨一下就说："等于 2，没错的！"即使如此简单的试题，也还是有一些数学家对这个结果质疑："1＋1确定等于2吗？"也许在数学理论中可以这样认为，但如果拓展到化学、物理，甚至哲学，接着再扩大到宏观的宇宙世界里，这种说法就可能站不住脚了。虽然这是世界上最简单的加法运算，但还是有 1＋1 ≠ 2 的例外。所以，我们对学习中的问题不要太过武断，更不要去钻牛角尖，不论是答案还是方法都一样。

错误的答案未必就一定不好，至少它让你知道，正确之外还存在一种错误的可能方式，而这就是最大的收获。

"唯一标准"不等于追求完美，所以它不能代表快乐，也不会给我们带来快乐。相信答案不是唯一的，我们才能学得更轻松、更快乐，我们的学习才会更卓有成效。

"拿来主义"也是创新

牛顿说："如果说我比别人看得更远些，那是因为我站在巨人的肩上。"毕加索曾经说过："优秀的艺术家复制别人的作品，更优秀的艺术家则偷窃别人的作品。"毕加索所说的"偷窃"，绝不是街头瘪三行为，实际上是一种新的"拿来主义"，也是一种创新。这种创新就是在模仿的基础上加了一点自己的特色。

针对20世纪30年代"发扬国光"的复古潮流，鲁迅提出了"拿来主义"。不过，鲁迅的拿来主义与五四运动时期的一味模仿不同，他的拿是有选择地拿，为我所用地拿，不亢不卑地拿。他说："总之，我们要拿来。我们要或使用，或存放，或毁灭……没有拿来的，人不能自成为新人；没有拿来的，文艺不能自成为新文艺。"

每个人的智慧都是有限的。用辩证的眼光看，每个人都有自己的长处，也有自己的短处。有句成语叫"他山之石，可以攻玉"，意思是跟别的人或事相对照取人之长补己之短，或者吸取教训，以免重蹈覆辙，这就是"拿来主义"的好处。

"拿来主义"的目的是学习，学习的目的是使自己能更好地发挥聪明才智形成自己的独特风格。对于青少年来说，在学习知识的过程中会遇到很多问题，此时，如果能灵活借鉴那些学习好的同学的学习方法，让自己掌握不一样的"拿来主义"，把别人好的经验都拿来为己所用，那么就会大大提高学习效率。

在未来竞争的广阔天地里，如果我们只跟风赶浪，人云亦云，做别人做过的东西，那么就很难求得发展。相反，如果我们能在此基础上学习借鉴，不断创新，另辟蹊径，拿出真正属于自己的"作品"，那么，我们便有了独一无二的生存砝码，便有了无法被超越的能量。

以 iPod 为例，其造型选择烟盒大小，不是更大，也不是更小。硬盘是东芝生产的 1.8 英寸的硬盘，其滑轮选曲界面来自惠普早期的一款设备。

实际上，不光是 iPod 拿来主义，在乔布斯的产品创作中，拿来主义随处可见。

1979 年，为了研发新型电脑，乔布斯决定到施乐公司研究中心参观。因为当时施乐为防止打印机、复印机等核心业务受到冲击，并没有将精力投放在计算机新技术 Alto 的关注上。

而乔布斯却是"识货"的人。他知道这项技术若继续开发，肯定会有前景。参观回来后，乔布斯就将从施乐公司看到的 Alto 新技术用到了苹果的系列个人计算机中。

再如，个人计算机上的 USB 接口技术，这项技术是英特尔公司发明的，但是苹果公司首先把它应用到个人计算机上，并使得这一技术广泛推广。

又如，Wi-Fi无线网络也不是苹果发明的，Wi-Fi无线网络是美国朗讯公司开发的，但它像当初施乐公司的Alto一样并没有引起过多的关注。直到后来，苹果公司将这一技术用在笔记本电脑中，它才广为人知。

乔布斯曾经说过："我从不以偷窃别人的伟大作品为耻。"然而，"拿来主义"不是单纯的模仿，你必须理解伟大思想或作品的真正内涵，并把它转化为自己的思想。

"拿来"也可以衍生出创新，青少年做事想要事半功倍就要先学会"拿来"，这个"拿来"不是一味模仿，而是在模仿的基础上进行创新。

当然，从别人那里学习知识，借鉴别人的经验也是有讲究的，这里提供几点建议。

首先，要把握重点。即充分考虑自己的才能和爱好去加以选择。自己的才能结构如何？优势是什么？不足的地方又是什么？要做到心中有数。

其次，要注重理解。"知其然"，还要"知其所以然"。阿基米德为什么能发现皇冠的秘密？曹冲称象的方法是根据什么？都要从理论上把它搞清楚。吸取不是机械地吸取，是要在理解的基础上吸取，如果囫囵吞枣，就会"消化不良"。

最后，要懂得创造性运用。吸取的目的是更好地创造，因此，吸取之后我们要会运用。医学上的叩诊是100多年前奥地利医生奥恩布鲁格发明的。奥恩布鲁格的父亲是个酒商，只需要用手一敲酒桶，就能知道桶内有多少酒。由此，奥恩布鲁格联想到人的胸腔和酒桶相似，如用手敲胸腔，不也能诊断出里面的毛病吗？经过他反复实验，叩诊的方法诞生了。

在你身旁包围着你想象不到的机会和方法，青少年要经常留意那些有杰出成就的模式。如果某人表现突出，心里要立刻跳出一句话："他是怎么办到的？"同时青少年也要不断地思考，从你所看到的每件事里挖掘特点，并学习实现的方法，那么只要你愿意，便能有相同的成就。

让自己拥有一双想象的翅膀

世界潜能激励大师安东尼·罗宾斯说："想象力能带领我们超越以往范围的把握和视野。"爱因斯坦也说："想象力比知识更重要，因为知识是有限的，而想象力概括世界上的一切，推动着进步，并且是知识进化的源泉。"而创新离不开想象这双翅膀，有了想象力的创新，才能"带着人飞向想去的地方"。

因为有了想象力，人们根据飞鸟发明了飞机；牛顿由下落的苹果联想到地球上的万有引力；瓦特从被水蒸气顶起的壶盖想到了发明蒸汽机。

想象力如此重要，但我们大部分人一出生就在不断地被扼杀想象力。我们会被不断地告诫什么事情不能做，"你不能飞""你跑不了那么快""铁不能漂浮在水面上"……很多青少年由于大人和老师的"告诫"，只能把一些天马行空的想法藏在脑中，不敢说出口，更别说去实现了。

然而，从古至今凡是有成就的思想家、发明家或是作家，无不具有超凡的想象力，并且敢于去实现。在实现的过程中他们会经常遭到那些平庸的人的耻笑，但当他们创造出令人惊叹的作品后，人们才会发现原来他们并不是异想天开。

1931 年的夏季，身为北京大学教授的李四光带着学生们到江西庐山实习。庐山位于长江南岸鄱阳湖边，山势峻拔。结合实地观察，李四光给学生们讲解了庐山的地质。

李四光领着学生们登上庐山的含鄱岭。师生们都被眼前美丽的景色吸引住了。李四光环顾着白云掩映中的一座座青山，突然，他的目光停在了一条山谷里。他寻路下到谷底，发现这里的山谷非常平缓，而两侧的岩坡却很陡峭，谷底淡红色的黏土中夹杂着许多大大小小的卵石。卵石的表面隐约还能看到一些模糊的刻痕。这一切都给李四光留下了深深的疑问。这里是不是出现过冰期呢？他思索着这个问题，充分发挥自己的想象力，并在脑海里形成理论，接下来就开始找证据证实自己的理论。

1932 年的暑假，李四光再次来到庐山。他每天早出晚归，实地勘察了庐山的所有山峰和谷地，收集了大量的资料。暑假结束后，他回到研究所，把这次野外调查的资料进行整理分析，并对照自己思索出来的系统性理论，最后得出一条结论：庐山在第四纪地质时期，至少经过两次冰期，最后一次冰期历时最长。李四光又结合庐山地区和江南其他地区的勘察结果得出：中国第四纪冰期主要是山谷冰川，其中只有山谷冰川特别发育的山区，才有山麓冰川发生。这一观点，为以后第四纪冰期的研究工作找到了打开第一道奥秘之门的钥匙。

他的中国第四纪冰川地质的研究成果，作为一个范例，得到了地质学界的广泛认同。

李四光在考察庐山的时候，因为对山体的沉积物产生了疑惑，继而大胆想象，经过不懈的努力和求证，终于得到了震惊地质学界的研究成果。青少年想要成为一名出色的创新人才，必须具备一流的想象力，并且敢于将脑海中的想法实现。

想象力是人在已有形象的基础上，在头脑中创造出新形象的能力，它是人类创新的源泉。青少年想要有创新能力，一定要先培养自己的想象力。培养想象力可以从以下几方面着手。

（1）要养成多提问题的好习惯。好奇心是推动我们想象力发展的内在驱动力。

（2）丰富头脑中表象的储存。表象是外界事物在人的头脑中留下的影像，它是想象的基础材料。头脑中的表象积累得多，进行想象的资源越丰富。经常去博物馆参观、到郊区游览等，都可以让自己记住许多的表象。

（3）扩大语言文字的积累。想象以形象为主，但要通过语言文字表达出来，因此，要扩大语言文字的积累。比如，备一个摘抄本，把阅读中遇到的好的句子、好的段落摘抄下来，平时可以拿来翻阅。

（4）多在实践中获得知识。可以学一门乐器或学绘画，这些都是培养想象力的好办法。或者，参加课外兴趣小组活动，兴趣小组的活动中都有大量形象化的事物，且需要进行创造性想象才能完成活动任务，这对提高想象力十分有益。

想象力在创新中的作用，就如同一棵大树是从一粒种子开始生长一样，想象力依靠你所看到的这个现实世界逐渐萌发出来，然后慢慢长大，最终超越周围的建筑，插上翅膀。

不急躁，学习的三重境界

成就事业必先平心静气，自古皆然。稳重是成大器不可或缺的必要条件，而浮躁则是走向失败的陷阱。但在现实生活中，不少青少年学习投机钻营的"成功哲学"，不扎扎实实努力，而是急功近利，投机取巧，这种态度势必会使学习大打折扣，久而久之，也必定会影响学业上的进一步发展，所谓"机关算尽太聪明"，到头来，终是"聪明反被聪明误"。要知道，"千里之行，始于足下"。要促成事物的质变，必须首先做好量变的积累工作。如果不愿脚踏实地、埋头苦干，而是急于求成、拔苗助长，或者急功近利、祈求侥幸，是不可能取得成功的。

拔苗助长的故事，大家耳熟能详。庄稼的生长，是有其客观规律的，人无法强行改变这些规律，但是那个宋国人不懂得这个道理，急功近利，急于求成，一心只想让庄稼按自己的意愿快长高，结果得不偿失，让自己所有的辛苦都付之东流。其实，万事万物都有其发展规律，我们做的所有事情也有客观的规矩或限制，因此，做学问就必须循序渐进，而不能急于求成。正如一位哲人所说的："违背客观规律的速成就是在绕远道。"只有尊重事物发展规律并付出踏实的努力，才能获得最终的成功。

王国维在《人间词话》里说："古今之成大事业、大学问者，必经过三种境界：'昨夜西风凋碧树。独上高楼，望尽天涯路'，此第一境也；'衣带渐宽终不悔，为伊消得人憔悴'，此第二境也；'众里寻他千百度，蓦然回首，那人却在灯火阑珊处'，此第三境也。"

第一境界"昨夜西风凋碧树。独上高楼，望尽天涯路"，说的是要有一颗甘于寂寞的心，甘于为事业献身；第二境界"衣带渐宽终不悔，为伊消得人憔悴"，是说要在追求中费心费力，倾注自己的心血。第三境界"众里寻他千百度，蓦然回首，那人却在灯火阑珊处"，是说在不断地追求和付出中，才能够看到最终的成果而成大业。

季羡林先生也很推崇王国维所说的这"三种境界"，他认为这三种境界不光可以用在学习上，也可以用在人生中，其中，第二重境界尤其重要。"根据我自己的体会，立志做一件事情以后，必须有这样的精神，才能成功。无论是在对自然的斗争中，还是在阶级斗争中，要想找出规律，来进一步推动工作，都是十分艰巨的事情。就拿我们从事教育和科学研究工作的人来说吧，搞自然科学的，既要进行细致深入的实验，又要积累资料。

搞社会科学的，必须积累极其丰富的资料，并加以细致地分析和研究。在工作中，会遇到层出不穷的意想不到的困难，我们一定要坚忍不拔，百折不回，绝不容许有任何侥幸求成的想法，也不容许徘徊犹豫。只有这样，才能得到最后的成功。"

不管是在学习还是在生活中，每个人都在为自己的梦想而奋斗，这个过程是长期且枯燥的，需要一步一步坚实踏出，没有所谓的捷径。虽然在实现梦想的过程中，会面临很多的诱惑，出现很多所谓的捷径，但是这些并不能让你实现梦想，只能让你距离自己的梦想越来越远。真正实现梦想的过程是一个不断沉淀，不断积累，然后厚积薄发的过程。这个过程，容不下三心二意，容不下朝秦暮楚，只有拥有"独上高楼，望尽天涯路"甘于寂寞的心，沉浸在自己梦想实现的过程中，并为之有"衣带渐宽终不悔，为伊消得人憔悴"的努力，才能够收获"那人却在灯火阑珊处"的美景。

成长有规律，欲速则不达，青少年遇事除了要用心用力去做，还应顺其自然。做事情不可以急功近利，越是急功近利，离成功就越远。要成就一件事情，就必须尊重其内在规律，随时而行；要想让自己健康快乐，就尽可能地尊重身体和心灵的客观规律，不要让身心过于疲惫，否则身心负担过重，可能会导致悲剧发生。

人生中的每一步对于实现成功目标来说都很重要，任何事情的发展都需要有一个逐步提升的阶段性过程，任何宏伟目标的实现都需要有一个逐步积累的时期。一味地求急图快，结果只能是越急事情越办不好，这和人们常说的"心急吃不了热豆腐"是同一个道理。当你过于急躁而寻求突破的时候，往往就迷失了方向，跌跌撞撞，最后一事无成。

第七章

做时间的朋友

青春年华，经不起你的挥霍

"洗手的时候，日子从水盆里过去；吃饭的时候，日子从饭碗里过去；默默时，便从凝然的双眼前过去。我觉察他去的匆匆了，伸出手遮挽时，他又从遮挽着的手边过去。天黑时，我躺在床上，他便伶伶俐俐地从我身上跨过，从我脚边飞去了。等我睁开眼和太阳再见，这算又溜走了一日。我掩着面叹息。但是新来的日子的影儿又开始在叹息里闪过了。"

时光的流逝在朱自清先生的笔下显得残酷而又真实。莎士比亚说过："在时间的大钟上，只有两个字——现在。"昨天唤不回来，明天还不确定。一个人能拥有、把握的就是今天的时间，虚度今天，就是毁了昔日成果，丢了来日前程。

古今中外，凡事业有成者，都是十分珍惜和善于驾驭时间的人。并且他们很多利用时间的方法，借鉴过来用在我们今天的学习上，仍然很有效果。

1904年，正当年轻的爱因斯坦潜心研究的时候，儿子出生了。于是，在家里，他常常左手抱儿子，右手做运算；在街上，他也是一边推着婴儿车，一边思考着他的研究课题；妻儿熟睡了，他还在屋外点灯撰写论文。爱因斯坦就是这样充分利用零碎时间，日积月累，1年中完成了4篇重要的论文，引起了物理学领域的一场革命。

著名美国作家杰克·伦敦的房间，有一种独一无二的装饰，那就是窗帘上、衣架上、柜橱上到处都贴满了各色各样的小纸条。杰克·伦敦非常偏爱这些纸条，几乎和它们形影不离。这些小纸条上面写满了各种各样的文字：有美妙的词汇、生动的比喻，五花八门的资料，等等。

杰克·伦敦从来都不愿让时间白白地从他眼皮底下溜过去，睡觉前，他默念着贴在床头的小纸条；第二天早晨一觉醒来，他一边穿衣，一边读着墙上的小纸条；刮脸时，镜子上的小纸条为他提供了方便；在踱步、休息时，他可以到处找到启发创作灵感的语汇和资料。不仅在家里是这样，外出的时候，杰克·伦敦也不轻易放过闲暇的一分一秒。出门前，他早已把小纸条装在衣袋里，以便随时都可以掏出来看一看、想一想。

鲁迅先生说过："我把别人喝咖啡的时间都用到了读书和学习上。"他几十年如一日，从不浪费一分一秒，为后人留下了 700 多万字的著作。在重病缠身的日子里，他还抓紧时间工作和学习。在逝世的前一天，还写了他最后一篇作品《因太炎先生而想起的二三事》，真是惜时到了生命的最后一刻。

看了这几则故事，是不是很有感触呢？时间有时那么漫长，有时却又那样短暂，一分一秒的时间收集起来也能做成大事。

时间本是个常数，然而对于那些时间的开发者来说，它又是个变数，用"分"计算时间的人，比用"时"来计算时间的人，时间多 60 倍。作为学生，目前我们的主要任务就是学习，要是能把课后的一部分闲暇时间也很好地利用起来，成绩提高得自然也就更快了。其实，我们身边有很多同学已经开始这样做了，他们把英语单词、数学公式记在小本子上，随身携带，等公交车的时候、排队买饭的时候都会看上几眼，这样日积月累，他们的成绩自然越来越好。

时间对每个人来说都是公平的，珍惜时间的人就会得到无穷无尽的财富，而浪费时间的人将一无所有。

踏准你时间的鼓点

在适当的时机做适合的事情，这就是所谓的"掌握时间节奏"，这也是很多成功人士高效学习和工作的秘密武器。

只要留心，你就会发现，在我们日常的工作和生活中，除了每天能力状态的规律性波动，还有较长时间段里的生理规律：生理节奏。通过生理节奏管理，我们可以解读体内的"生物钟"，了解其规律，然后进行主动调整，使自己的能力与自然波动相适应。

在低点周期和临界日，我们养精蓄锐，放松休息，多做重复性工作，回避不愿见的人和令人头疼的问题。与此相反，在高点周期则要大干一番。这时候适宜做出决定，重新部署工作，贯彻自己的意图。管理好自己的生理节奏，可以让我们更好地掌握自己的时间和身体，享受更轻松、更简单的工作和生活。那么，究竟什么是"生理节奏"呢？下面的小例子会让你明白。

洛克睁开了眼睛，才不过清晨 5 点钟，他便已精神饱满，充满干劲。另一方面，他的太太却把被子拉高，将面孔埋在枕头底下。

洛克说："过去 15 年，我们俩几乎没有同时起床过。"

像洛克夫妇这样的情况，并不少见。

事实上，我们的身体像时钟那样复杂，而且每个人的运转速度也像时钟那样彼此略有不同。洛克是个上午型的人，而他的太太则要到入夜后才精神最好。

很久以来，行为学家一直认为导致这种差别的原因是个人的怪癖或早年养成的习惯。直到 20 世纪 50 年代后期，医生兼生物学家霍尔堡提出了一项名为"时间生物学"的理论，此一见解才受到挑战。霍尔堡医生在哈佛大学实验室中发现某些血细胞的数目并非整天一样，视它们从体内抽出的时间不同而定，但这些变化是可以预测的。细胞的数目会在一天中的某个时间比较高，而在 12 小时之后则比较低。他还发现心脏新陈代谢率和体温等也有同样的规律。

霍尔堡解释说，我们体内的各个系统并非永远稳定而无变化，而是有一个周期，有时会加速，有时会减慢。我们每天只有一段有限的时间是处于效率的巅峰状态。霍尔堡把这些身体节奏称为"生理节奏"。

生理节奏和我们生活的方方面面都密切相关，如健康、事业、家庭生活、社会活动、闲暇时间和运动等，它的应用可以说是无限的。日本和美国的许多企业利用生理节奏原理，短时间内就把事故率减少了 30%、50%，甚至接近 60%。

根据自身的生理节奏来调节好自己的时间节奏，我们就可以更好地掌控和利用自己的时间。下面我们来看一个叫艾丽的女职员的例子。

艾丽是 5 点钟俱乐部的成员。何谓 5 点钟俱乐部呢？下面是她的介绍。

她的公司有许多有孩子的女职员，煮早餐、准备午饭、送孩子上学是她们每天的例行公事。这么多的琐事，她们如何应付呢？艾丽说："每天早上 5 点钟起床——5 点钟俱乐部。"在太阳升起前起床是件很难的事，但益处多多。这个时间段，没有任何干扰，气氛祥和、宁静，你会有一种幸福感，你就会努力去做自己应做的事。艾丽建议她的业务员充分利用这段安静的时间制订一天的工作计划，然后一一做起。

5 点钟俱乐部的成员包括许多成功人士，虽然他们未必听说过艾丽的说法。但这安静的时刻，是他们做健身操、跑步、反省的最佳时光。

成功学专家拿破仑·希尔说："我只要睡5个小时就够了，早晨5点或5点30分起床，以便更好地利用时间，当然我不喜欢做时间的奴隶。"

试想一下，如果我们在晚上10点睡觉，早上5点起床，我们的睡眠时间是7个小时；而一般人如果在午夜12点入睡，早上7点起床，他们的睡眠时间也同样是7个小时而已。所以我们在这里提倡早睡早起，只是非常有策略性地将休息和工作的时间对调了一下，将晚上10点至午夜12点这段本是用来看电视、看报纸、娱乐、应酬的时间用于睡眠，而早上5～7点这段本应用于睡眠的时间，用来做一些更重要的事情。

目前，生理节奏理论已经成为人们追求简单生活、提高效率的好帮手。我们同样可以利用生理节奏规律来帮助自己更好地规划自己的学习。但在此之前，我们首先需要知道如何去辨认它们。霍尔堡和他的同事们已研究出以下这套方法，可以帮助你测定自己的身体规律。

早上起床后1小时，量一量你的体温，然后每隔4小时量一次，最后一次测量尽量安排在靠近上床时间。一天结束时，你应该得到5个体温度数。

每个人的变化不同而结果亦异。你的体温在什么时候开始升高；在什么时候到达最高点；什么时候降至最低点；你一旦熟悉了自己的规律，便可以利用之前学的技术来增强体质和提高学习效率。

对于我们而言，读书和学习最好是在体温正向上升的时候去做。大多数人体温上升时间是在早上8点或9点，相比之下，思考则在下午2点至4点进行比较适宜，一般人的体温在这段时间会开始下降。

假期是弯道超车的好时候

假期是一笔可贵的时间财富，如果得以充分利用，会让我们过得更加充实、有意义。要改掉不善于充分利用假期时间，在假期里放任自流的坏习惯。

学生都有寒假、暑假两个假期，而且时间比较长，因此，安排好假期的学习，是让自己不掉队，让自己升位的最好办法。

由于假期前学生经过了紧张的期末复习考试，已经很累了，因此假期中许多同学存在着一种自发产生的放松要求，甚至有一定的厌学情绪。考试一结束，就有一种千斤重担一时卸的轻松感觉，不愿再读书，或者有"且待明日"的思想，这是正常的心理反应。但如果让这种思想不断滋长，就会使得整个假期都被浪费掉。

有的同学说："磨刀不误砍柴工。"假期好好玩，养精蓄锐，待开学再努力吧。这是一种典型的等待思想，我们应坚决予以纠正。

当然，假期的安排也很有讲究。假期的安排不应该像课余或双休日的安排，更不宜把学习排得十分紧密，应讲究安排的技巧，它的安排原则是既玩好，也学好。

从内容上说，假期不仅要安排教材的学习，还应安排一定的社会实践活动，争取能把"玩"和社会实践结合起来，做到有目的地玩，在玩中了解自然，了解社会，在玩中读好社会这本无字天书。

在时间安排上，一般放假后就可以立即进行社会实践的活动，让紧张的头脑松弛一下，做到"一张一弛，文武之道"，这是有必要的。至于到什么地方去实践，则应该根据自己的情况认真考虑。

我们还可以利用假期培养自己的特长，如果有条件，可以参加一些短期的特长培训班，学画画、学弹钢琴、学游泳，等等。有亲戚在农村的城市同学，最好到农村体验一下生活，体验一下"锄禾日当午，汗滴禾下土"的辛劳，体验一下"牧童骑黄牛，歌声振林樾。意欲捕鸣蝉，忽然闭口立"和"牧童归去横牛背，短笛无腔信口吹"的牧童生活，从而培养自己对劳动人民的感情，加深对大自然的热爱。

当然，假期最重要的是自学，为此，要把时间安排好，排个时间安排表，照时间表有计划地学，不要凭兴趣，这本书翻翻，那本书翻翻，结果什么也没学到。

另外，假期的学习要注意四个问题。

一是要提高。假期的自由时间多，我们的学习应在原来的基础上有所提高。对那些原来没有学好的或似懂非懂的知识，要专题攻坚，注意那些要跳起来才能摘到的"桃子"，也就是我们通常说的要靠能力才能解决的问题。为此，应该找一本复习资料，学学练练，特别要注意人家解题时的思路，提高思维能力，这是能力培养的基础。

二是要把原来学过的知识系统化。一般来说，期末结束前，各科都告一个段落，这就为我们把学过的知识系统化提供了条件。办法是在认真研究教材的基础上，先理出各科各章节的知识点，再找出它们的联系，从而形成一个知识网络图，再把这些理好的知识网络在我们的头脑中反复思考，斟酌改进，最终成为我们的认知结构。这就使我们在今后的学习中能够比较容易调出需要的知识，不易卡壳，还可以使联想通道通畅，便于记忆。

三是要查缺补漏。利用假期对自己基础薄弱的学科进行"恶补"是个好办法。安徽省高考文科状元、考入北京大学的管梅同学介绍过她的学习经验。她原来数学成绩并不是太好，因此报考了文科，但她知道文科也要考数学，然后就利用高二的一个寒假进行了假期"恶补"，一个假期做了六七百道数学题，结果，数学从"最怕"变为不怕，从薄弱变为坚实，最后变为"最优"。所以，她高考时数学分上去了，状元当上了，也被北京大学录取了。

四是要预习。假期间，新书未到，不妨向高年级的同学借来教材先预习。预习时，首先粗读浏览，有个大概了解，然后通过自学先认真学习几章，通常达到会做教材上的习题即可，那么待新学期开始，你的学习就主动了。

总之，假期时间是宝贵的，我们要根据自己的特点，根据生理、心理的规律，安排好时间，充分利用好假期，不要让假期时间在我们的放任自流中白白浪费掉。任何计划都是"死"的，有条条框框，因此在特殊情况下，可以根据实际情况灵活机动地调整，这样既能合理安排假期时间，也能锻炼优良的意志品质。另外，假期计划要制订在经过努力确实可以实现的水平上。因为过高，难以实现，便会使自己感到不安，产生自卑感；过低，则阻碍自己正常水平的发挥。

拖延，让你失去完成的勇气

一道烦琐而且有难度的问题摆在你面前时，通常，你是立即在情况没有变糟前就开始思考解决的办法，还是拖到不能再拖的时候再把它提上日程？你习惯给自己勇气以尽快走出难关，还是习惯不断找借口拖延？实际的情况是，我们一边盼望着走出难关，一边却在选择拖延的方式。

看起来这实在是一对矛盾，可难道情况不正是如此吗？

想想当我们学习遇到问题时，我们是不是一边给自己定下一个美好的目标，一边却又常常不自觉地将需要为此付出的努力不停向后拖延？结果，时间一长，我们甚至失去了完成的勇气！

歌德说，在今天和明天之间，有一段很长的时间；趁你还有精神的时候，学习迅速办事。

对学习来说，拖延是最具破坏性的，因为它很容易使人丧失进取心。一旦开始遇事拖延，就很容易再次拖延，直到使拖延变成一种根深蒂固的习惯。习惯拖延的人，通常也是制造借口和托词的专家，这对自己的学习和生活毫无益处。

拉尔上校正在玩纸牌，忽然有人递了一份报告，说华盛顿的军队已经到德拉瓦尔了。但他只是将来件塞入衣袋中，等到牌局完毕，他才展开那份报告。待他调集部下出发应战时，时间已经太迟了。结果全军被俘，他自己也战死疆场。

仅仅是几分钟的延迟，就使他丧失了生命！可见，习惯中最为有害的莫过于拖延。

既然意识到了这一点，我们就该着手改变它。

首先确定你的学习日程安排，并让它尽量提前，这样就不会因为时间紧迫而找借口放弃。当你已经在进行一项学习任务时，比如整理笔记、做课后习题，不要找借口拖拖拉拉，告诉自己这是很重要的事，必须尽快完成才行。否则拖延后又后悔，这种情绪蔓延开会成为一种不好的心理暗示。

拖延常常是因为困难，所以请为自己制定一个容易实现的目标来帮助自己形成立即行动的好习惯。或者你也可以把繁杂的问题简化，比如把任务分解为若干个容易执行的小步骤，例如，一次游50米，而不是一下穿越长江；如果你需要读完一本书，那么不如把一本大书分解为几个部分，在可以做到的时间分别完成。这样，每次只做一小步，就不会那么困难了。

学习的确是有方法的，首要的一条就是发现问题要在第一时间克服解决，避免拖延。拖延起来，我们浪费的就不只是时间了，还有对自己自信心和意志力的打击。所以，再遇到困难时，不妨让自己鼓起勇气，在第一时间把它提上你的日程表，你将在一种充沛饱满的精神状态中找回自信。

世界上所有的美好，都来自专注

有一种最可爱的表情，亲爱的小读者们，你们知道是哪一种表情吗？

是全神贯注！上课时当你目光专一、专心致志的时候，你就是老师、家长、同学们眼中最可爱的。

先说一下"慧眼"的故事。

梅兰芳是中国著名的京剧艺术大师，但他高深的造诣也不是先天的。他年轻时学唱京剧，曾想拜一位威望极高的老艺人为师。老艺人教他如何用眼神表达内心的活动，可是无论梅兰芳怎么努力也学不会，眼球不听使唤，目光也缺乏生气。老艺人失望了，说梅兰芳长了双"死鱼眼睛"，没有学表演的天分，没有培养的必要，拒绝收他为徒。

这件事给梅兰芳很大的打击，但他并没有灰心。相反，他下决心要勤学苦练，他相信只要用心专一，持之以恒，总有一天会练好的，从此他的目标就是练眼神。

为了训练目光专一，他用鸽子、金鱼来帮助练习。他把鸽子放飞，然后两眼紧紧追逐飞翔的鸽子；俯视水中游动的金鱼，跟踪寻迹，紧追不舍。寒来暑往，经过长时间的刻苦锻炼，他的双目转动自如，似流星，似闪电。他决定登台献艺，他还特意邀请那位老艺人前来观看演出。

帷幕徐徐拉开，在老艺人面前出现的再也不是"死鱼般的眼睛"，而是一双明眸善睐、顾盼生辉的"慧眼"。

曾经有一位雄心勃勃的青年向一位智慧老人请教"成功秘籍"。智慧老人说："要成功很简单，你要同你的对手比拼、竞争。这些人都是很优秀的人，但他们都有一个通病，就是自命不凡、聪明绝顶、万事通，做事绝不专心一意。因此，要打赢他们并不困难。"智慧老人顺手拿起一支铅笔，把平的一头刺向青年的手臂，问青年感觉怎样，青年说："不痛。"智慧老人突然把铅笔头掉转过来，把尖的一头刺向青年，青年痛得大声叫喊。智慧老人说："这就是'成功秘籍'。把所有的精力、资源集中为一点，就无坚不摧了，明白了吗？"青年说："明白了。"几年以后，青年闯出了一番大事业。

如果人的精力有十分，把它分成十份去做十件不同的事，那么每做一件事你只能用一分的精力，一分的精力能做成什么大事呢？只能是一事无成。如果你把十分的精力聚集在一起，那么它就是一把锐利的钻头，无坚不摧，无往不胜。

兵书上说："夫五指之更弹，不如卷手之一挃；万人之更进，不如百人之俱至也。"意思是说：五个手指头轮番敲打，不如握紧拳头猛力一击；一万个人轮番进攻，不如一百个人同时动手。在克服学习中的困难时，集中原则也是十分有效的。

一个自学英语的青年发现学好英语，首先要掌握词汇、语法和阅读大量书籍。于是他便把词汇作为学习英语的突破口。在学习词汇的过程中，他又从出现频率最高、含义最丰富、用途最广的基本词汇入手。如果记住了基本词汇，就再扩展一些一般词汇和专业术语，接着弄懂语法，就可以迅速进入阅读专业书籍的阶段。因此，他每拿一本简单英文读物时，首先就背后面的词汇表，后来发展到背辞典。他先后背了几十本各类小辞典，掌握了大量的词汇，为学好英语奠定了基础。

集中原则可以运用到学习的各个方面。你的精力可以集中起来，用于一项内容的学习；你的时间可以集中起来，专攻某一学习内容；你的知识可以集中起来，结成一个合理的知识结构；你可以在一定的时间内，把积累起来的资料归类，从中发现新的信息、新的知识；你还可以集中突击所需要的东西，以进行某项研究或参加考试。

这时你会发现，我们的知识几乎都是在集中下获得的。几天读完一本书，几个星期学会一个方法，几个月学完一门课程等。也许你以往没有注意到，但当你有意识地去集中时，你的战果一定会更加辉煌。

在学习的过程中，要具备的第一个要素就是集中注意力，它是记忆的基础、理解的基础、掌握和运用知识的基础。你可能有这样的经验，如果在学习中不能全神贯注，你只能看到书上的字，却无法把握它的内涵；你只能听到老师的声音，却不知道老师讲的是什么，就是所谓"左耳朵进，右耳朵出"。心猿意马，漫无目的地学习，将一无所获。很多学习成绩差的学生，老师的第一个评语就是：注意力不集中，上课爱做小动作。而在学习上专心致志的学生大多数都能取得好的成绩。再给你讲两个小故事。

居里夫人似乎天生具有惊人的记忆力，无论多么难懂的课文，她只要念过两遍，就能准确地背诵，她周围的人都觉得难以置信，总怀疑她事先就已经背熟了，但实际上，居里夫人的过目不忘，要归功于她惊人的注意力。

少年时期的居里夫人读书专心致志是有名的。她的专注甚至到了让人难以置信的地步。只要她一拿起书，她就好像成了一尊雕像，除了眼珠转动和偶尔翻书，全身各处绝不会有丝毫动静，她仿佛已完全融入了书中，周围的一切，连同她自己都不存在了。她的姐妹们都认为这是一种怪癖，每当她看书时，姐妹们就挖空心思要转移她的注意力。有时她们故意说些有趣的故事，有时她们又唱又跳，有时她们在她身边做游戏……但是，这些骚扰没有一次能成功转移她的注意力，她甚至连眼皮都不抬。

有一次，姐妹们将屋子里所有的椅子都收集起来，然后开始在她身边搭椅子"积木"。她们摆好了第一层椅子后，又放两把椅子上去做第二层，这时椅子"积木"已经很危险了，因为椅子是斜着放上去的，为的是尽量把它堆得易于坠落。接着又放一把椅子上去做第三层。这时只要坐在椅子"积木"中的人稍微一动，椅子就会轰然倒塌。

然而无论是摇摇欲坠的椅子，还是姐妹们故意夸张的说笑，都不能让居里夫人从书本中分神出来，时间一分一秒地过去了，她依旧纹丝不动地坐在一大堆椅子中，把头埋在书本中。姐妹们都等得不耐烦了，看着她专注的神情，都怀疑她是用特殊材料制成的。

1个小时过去了，她终于读完了，她合上书，刚抬起头，椅子就轰地倒塌了。她没有生气，也没有吃惊，只是带着一种从梦幻中醒来的神情，拿着书走出去，找另一本书去了。

被誉为"美的使者"的英国作家约翰·罗斯金，毕业于牛津大学，曾任牛津大学美术教授。他的主要作品有《现代画家》《建筑的七盏灯》等，以及散文《时至今日》《芝麻与百合》。

他把自己的学习称为"采金冶炼"，他的目标就是要得到书里的金子。在学习之前，他要心平气和，排除一切干扰和杂念，心中只有眼前的这本书，这样才能保证不放过一粒金子；工具要在身边准备好，纸笔、字典、辞典等，都放在随手可以拿到的地方，这样可以避免到处寻找，分散精力。学习时要认真仔细地研究每一个字、词、句的确切含义，要常常提出问题，举一反三。

罗斯金说："当打开一本好书之前，你必须对自己提出几个问题，我是否能像澳大利亚的采掘工一样肯吃苦耐劳？我的锄头铁铲是否有用？我的思想是否已经准备充分？我的袖子是否已卷得高高的？另外，力气和心情是否正常？如果这些回答都是肯定的，你就是一把采金的钻头了，你一定能采到你的金子。金子就是那位作者的思想或意思，他的文句便是你为了寻找金子所必须捣碎和冶炼的矿石。丁字镐便是你的辛苦、聪明与知识，熔炉便是你那探索事物的心智。你要把你的工具和炉火用注意力集中起来，让它们利而再利，精而再精，才有可能得到一粒金子。"

如果每一次学习，我们的目标都是要采到金子，还有什么花草能分散我们的注意力呢？有了采金的目标，你就会有金子般的收获。

立即行动，将梦想变成现实

虽然向往美好的生活是一种积极乐观的人生态度，但是仅仅怀抱这种美好的愿望是远远不够的，成功的关键在于积极的行动。哈佛大学的成功理念告诉我们，无论愿望有多么美好，如果不落实到行动上，也只能是空想，只有行动才能让一切梦想变成现实。

这世上不乏有理想、有抱负之人，其中有些人不光很有想法，说起话来也头头是道，但是他们却总是不采取任何行动。还有一些人，他们虽然会采取行动，但是他们有拖延的坏习惯，今天不把今天的事做完，非得留到明天再继续。事实上，把今天的事情拖到明日是不划算的，"今日事今日毕"会令人觉得轻松、愉快、有成就感，如果拖到以后再做，会令人时刻为它挂心，无论做什么都不能放松。更何况时下的经济形势也不容许我们做事拖沓，如果我们把所有的事情都拖到明天，那么我们很快就会被淘汰。此外，还曾经有人做过这样的计算：如果人生以 70 年寿命来算的话，那么除去少不更事和老不方便的 10 年，也不过 2 万多天，再除去睡眠所占的 1/4 ～ 1/3 的时间，剩下的时间可谓寸阴寸金，如果不好好珍惜它们，那么我们的一生终将在浑浑噩噩中度过，一事无成。

安妮是一个可爱的小姑娘，可是她有一个坏习惯，那就是无论遇到什么事情，她总是停留在口头上或计划上，而不是马上采取行动。

同村的詹姆森先生经营着一家水果店，店里出售本地产的草莓等水果。一天，詹姆森先生对安妮说："小安妮，你想挣钱吗？"

"当然想。"安妮回答。

"隔壁卡尔森太太家的牧场里有很多长势很好的黑草莓，允许所有人去摘。你去摘了以后把它们都卖给我，1 夸脱我给你 13 美分。"

安妮听了詹姆森先生的话，高兴地跑回家里，拿上篮子，准备马上就去摘草莓，可是接下来她又不由自主地想到，要先算一下摘 5 夸脱草莓可以挣多少钱。于是，她拿出一支笔和一块小木板，计算出是 65 美分。接着，安妮又想："要是我采了 50、100、200 夸脱，詹姆森先生会给我多少钱呢？"就这样，她把时间都花费在了这些计算上，一直算到中午吃饭，所以她决定下午再去采草莓。

吃过午饭，安妮急急忙忙地拿起篮子，赶到了牧场。可是早在午饭以前，许多男孩子就已经到了那儿，他们都快把好的草莓摘光了。可怜的小安妮最终只采到了 1 夸脱草莓。

在回家的路上，安妮想起了老师常说的话："办事得尽早着手，干完后再去想，因为一个实干者胜过一百个空想家。"

老师的话不无道理。一个实干者胜过一百个空想家，因为构想和计划虽然是获得有利结果的第一步，但是无论它们有多好，都无法代替行动。

俗话说，"一分耕耘，一分收获"。没有耕耘就是没有行动，没有行动就永远也改变不了现状，无论构想和计划多么美好，如果不去落实，都只能成为空想。相反，即便是再普通不过的计划，只要你确实执行了并能坚持下去，所取得的效果就会好过只停留在思想阶段的好构想和好计划，因为前者会贯彻始终，直到达成既定的目的，而后者却前功尽弃。

哈佛大学的教授们总是反复向学生们强调，成功不仅在于构想和计划，更在于行动，只有做到思想和行动二者合一，才有可能让构想和计划变成现实。因此，我们不能落入不断计划、构想的圈套，等到一切都准备妥当或自己精神好了再说，而应该适可而止，立刻行动起来。

无论是运用你的思想，还是动用你的体力，你都必须抓紧把那些有意义的事罗列出来，然后马上付诸行动。你渴望得到什么，就主动去争取，并且尽力走在别人前面。只要你行动起来，就一定会有所收获。

读书之外，还有远方

你听过"读万卷书，行万里路"这句话吗？这其实讲的是我国古人的一种求知模式，也是古人自我修养的重要途径。

首先"读万卷书"，获得满腹经纶，再"行万里路"，亲历躬行、参证精思，知识水平、思想、见解就会飞跃到一个较高的层次。

清代钱泳在《履园丛话》中说："'读万卷书，行万里路'，二者不可偏废。每见老书生痴痴纸堆中数十年，而一出书房门，便不知东西南北者比比皆是；然绍兴老幕，白发长随，走遍十八省，而问其山川之形势，道理之远近，风俗之厚薄，物产之生植，而茫然如梦者，亦比比皆是。"

由此可见，知与行对立志有所作为的人来说，都是不可或缺的。今天，我们很有必要走出学校的小天地，迈入生活、社会的大世界中。

很多杰出人士在书本上学习的同时往往还通过"行"来证实自己的所知、所想、所感，在实践中怀疑，然后在实践中否定或者证实自己的怀疑。

司马迁的《史记》被鲁迅先生尊为"史家之绝唱"。司马迁把历史人物和历史事件写得形象生动，很大程度上得益于他19岁时的一次全国大游历。游淮阴，他追踪韩信早年的足迹；访齐鲁，他瞻仰孔庙，观察儒家习俗；到彭城，他听取汉高祖刘邦的传说故事；达大梁，他凭吊信陵君"窃符救赵"故事中的著名的夷门……

行万里路的亲身实践，使司马迁的历史知识为之增多，生活经验为之丰富，眼界为之扩大，心胸为之开阔，同时也使他接触到了广大人民的真实生活，体会到了人民的思想情感和愿望。

"诗圣"杜甫20岁以前北游齐赵，留下了"会当凌绝顶，一览众山小"的誓言，引起了无数人对"五岳独尊"的向往。他身历战乱之苦，才有了"感时花溅泪，恨别鸟惊心"的感叹，才有了《三吏》《三别》这些流传千古的优秀诗篇。

明代地理学家徐霞客，从小刻苦读书，尤其喜欢历史、地理和探险游记类的书籍，他用 30 多年的时间，游遍了中国的山川，给后人留下了"世间真文字"——《徐霞客游记》。他的游记中有关蝴蝶会的记载，若他不亲眼看见并记下来，我们又怎会知道天下有这一奇观？

丹麦童话大师安徒生说过："旅行就是生活。"1831 年，安徒生开始了他的第一次国外漫游。他携着一把雨伞、一根手杖和简单的行囊访问了欧洲所有的国家，先后完成了《阿马格岛漫游记》《幻想》《旅行剪影》等作品。

这些事例无不告诉我们一个道理：我们想要成长、成熟，开阔视野，成就一番事业，"读万卷书，行万里路"是极有促进作用的。

据报载，从 10 岁开始，北京女孩马宇歌就只身万里走天下。短短几年里，她独访大西北，勇闯青藏高原，走遍了台、港、澳以外中国所有省市自治区。

她说："在小学四年级的时候，那年我 10 岁。当时放暑假，爸爸的一个南京的朋友邀请我过去做客，由于父母上班没时间陪我一同前往，因此经过他们同意，我只身去了南京。在江南，我结交了许多好朋友，后来又去了江北的南通、启东、淮南、淮北、徐州等地。这次出游让我受益匪浅，我学到了很多东西。从此，我就决定每个寒暑假都要在爸爸妈妈的赞同支持下，带着书本独自远游。在一次次的出游中，我的独立处世、交往沟通等能力都得到了很好的锻炼。而且我还长了见识，了解了各地的风俗文化，同时也结交了全国各地的好多朋友。许多东西是在家、在课堂上根本学不来的。"

从马宇歌的故事中，你能想到什么呢？

下面有一些建议，立志"行万里路"的青少年朋友可以作为参考。

（1）趁假期去一次农村、山区体验生活。

（2）邀请几个志同道合的伙伴，做一回短期旅行。

（3）旅途中及时记下所见所闻，拍摄一些资料也很有用。

（4）了解相关知识，提高自我保护意识。

（5）随时与亲友联系，以免出现意外。

学会拒绝，让自己更专心

著名企业家冯仑讲过："想在人生的路上投资并有所收益，有所回报，第一件事就是必须在一个方向上去积累，连续的正向积累比什么都重要。"而这样的积累需要专注才能完成。而且，一个人的精力是有限的，所拥有的资源也是有限的，我们不可能将所有事情都做得很好。所以，拒绝一些无关事情的烦扰，才能让自己变得更专心，精力才能更集中，才会更容易收获成功。

在我们的生命中，无关紧要的事情太多了，多到我们经常会忘记前一分钟还在我们脑子里嗡嗡回响的东西，多到我们已经很难记起那个曾经让我们热泪盈眶、被称之为梦想的东西。因此，我们要时刻警惕烦琐杂事霸占本该属于我们梦想的位置，干扰我们的视线。学会拒绝外界纷扰，要抓住自己生命中的鹅卵石，并专注于此。

著名作家、哲学家梭罗就是这样做的。为了写《瓦尔登湖》这本书，他决心去森林中过 2 年隐居生活。梭罗以种豆和玉米为生，摆脱了一切剥夺他时间的琐事俗务，专心致志，去体验山林湖泊的景色与他心灵所产生的共鸣。这样，他从中发现了许多道理，从而完成了《瓦尔登湖》这本名著。

　　北京大学的名师熊十力先生也是这样敢于拒绝，专心治学的人。

　　熊十力是一个治学之外一切都不顾的人，所以要求住所安静，常常是一个院子只他一个人住。20 世纪 30 年代初期，他住在沙滩银闸路西一个小院子里，总是关着门，并在门上贴了一张大白纸，上面写着：近来常常有人来此找某某人，某某人以前确是在此院住，现在确是不在此院住。我的确是不知道某某人在何处住，请不要再敲此门。看到的人都不禁失笑。20 世纪 50 年代初期他住在银锭桥，他的夫人在上海，有一次想到北京来住一段时间，顺便逛逛，但他不答应。他的学生知道此事，婉转地表达师母来是好事，可以照应他，但他毫不思索地说："别说了，我说不成就是不成。"他的夫人终是没有来。后来熊十力移居上海，仍然是孤身住在外边。

　　学会拒绝对于身处这样一个浮躁的时代的我们来说，更加重要。因为心浮气躁，往往难以做到可以心平气和地专注于一件事情。所以，对于每一个成长中的青少年来说，一定要学会拒绝，才能明确自己的志向，使自己身心安宁恬静，全心投入到自己的目标上，最终实现远大的理想。

　　在学习生活中，很多青少年不会对别人的邀请说"不"，而把时间浪费在娱乐上，耽误了学习的时间；还有的青少年不会对自己说"不"，养成了懒惰的习惯，把时间白白消耗在推脱上。因此，想更好地专心做事情，就需要学会拒绝别人。我们不妨学习一下居里夫人是怎么做的。

　　1895 年 7 月 26 日，28 岁的玛丽·斯可罗多夫斯卡（后来，人们习惯称她为居里夫人）与皮埃尔·居里在巴黎郊区梭镇结为了夫妻。他们的婚礼十分简单，他们的新房也极为简朴。家中除了一张普通的床，一张普通的桌子，两把普通的椅子，再也没有别的家具。

其实在结婚前，皮埃尔的父亲打算送一套高档的家具，作为他们结婚的礼物，但被居里夫人婉言谢绝了。对此，皮埃尔很不理解，他觉得家中只有两把椅子实在太少，于是想要再添置些，以免家里来了客人没地方坐。居里夫人劝阻他说："亲爱的皮埃尔，椅子多点是会带来方便，但是，如果客人坐下来后就不走了，那么我们要花费许多无谓的时间来应酬。与其这样，还不如两把椅子好，不受外人打扰，我们就可以一心一意地做实验，搞研究了。"

听了居里夫人的诉说，皮埃尔方才明白妻子的一番良苦用心。于是，他听从了居里夫人的意见，没有再增添一把椅子。果然，当人们来到居里夫妇家后，见他们家中连一把坐的椅子也没有，只得匆匆忙忙地离开。因为他们实在不愿意自己坐着，而让居里夫妇站着，也不愿意自己一直站着，以俯视的方式跟居里夫妇讲话，这都会让他们感到很不自在。

少了俗事的纷扰，居里夫人得以全身心地工作，她将自己大部分的时间和精力都投入到了科学研究中。

可能很多青少年都不好意思像居里夫人那样做，毕竟，人家是大科学家。

其实，不必为拒绝不正确的事情而内疚，因为那是我们的权利，是走向成熟必上的一课。或许当自己有事，必须要拒绝朋友的时候，可能会觉得有些不好意思。但是，当把自己的事情顺利做完时，你就会觉得，自己当时的拒绝是对的。

学会拒绝，无论是现在学习还是将来工作时，都能将自己从繁复的俗事中解脱出来，从而将精力、时间集中到真正对自己有意义的事情上。

独处也是一种能力

《诫子书》中说："静以修身，俭以养德。非淡泊无以明志，非宁静无以致远。夫学须静也，才须学也。非学无以广才，非志无以成学。淫慢则不能励精，险躁则不能治性。"一个"静"字，道尽了人间真谛。清静无为，静心修炼，正是那如禅的境界。那静的前提是什么呢？就是学会独处。

可以说独处是一种能力，是对至高人生境界的一种追求。正如一位哲人所说："只有伟大的人，才能在独处寂寞中完成他的使命。"学会独处这种能力，方能心如止水，方能领略到汹涌澎湃的大潮之美，方能嗅到空谷幽兰弥久的绝世芳香。若要成为真正的强者，就要能够忍耐孤独，学会独处。

卢梭说过这样一句话："我最不感到厌烦的事情就是独处，我最忍受不了的事情就是闲聊。"独处并不孤单和无聊，静下心来，在独处中提升自己的修为，是一种享受和境界。当我们独自一人坐下来，独对自己最真实的内心，静静地思考自己的路，会发现宁静的美好，让自己的心灵得到净化。只有那些能够学会独处的人，才有力量成就伟大的事业，离美好的生活越来越近。

康德在 46 岁时获得教授职称，但在那之后的 10 年里没有发表任何学术论著。当时有一些人认为他很无能。同时期的哲学泰斗摩西·门德尔松公开称，康德让所有的德国大学蒙羞。

其实在那 10 年的时间里，康德正独自默默地构思巨著。可是周围的人早已不再相信他的能力。一次，康德的一名学生在参加教授聚会时说康德正在创作一部伟大的著作，却引起了教授们的一片起哄和调侃。康德对他们的嘲讽无动于衷，也不辩白，只顾埋首思考自己的著作。

后来，57岁的康德开始动笔，仅仅用几个月的时间，便完成了《纯粹理性批判》一书的写作，证明了自己的价值。

10年没有作品问世的康德在独处中沉思，并将之转化为力量。

学会一个人独处，才能感到与自然、生活、天地的灵与肉的结合，才能宠辱不惊，临危不乱，清贫而不贪，富足而不骄。

中央电视台节目主持人采访中国香港凤凰卫视著名主持人吴小莉时，吴小莉说她最欣赏的一首诗是"手把青秧插满田，低头看见水中天，静心修炼只为禅，原来退步是向前"。身居闹市，有此胸怀，何其心静也！静下心来独处一室，踏实做事，老实做人，方能收获人生的丰硕果实。否则，戚戚忧忧、惶惶惑惑，必将一事无成。

那么，青少年怎样才能学会独处，在独处中修炼自己？首先，应该做到树立正确的意识，不要害怕一个人去面对生活，要认识到独处是一种机会，是一个人走向成熟的必经阶段。其次，我们还要学会在独处时进行深层思考。凡事有自己的见解，不要急躁，不要慌张，懂得静心。最后，在一个人独处时，学会抉择，学会认识事情的本质，就是在独处中修炼自己。

人一旦感到没有方向，就很有可能会胡思乱想，然后变得迷茫，此时最需要做的是，独处一室去静心思考、审视，千万不能如一匹脱了缰的野马四处乱奔。学会停下匆忙的脚步，静下心来思考，方可在独处中修炼一个更加优秀、更加出色的自我。

第八章

别在能吃苦的年纪选择安逸

⊙ 自动自发比天才更重要

⊙ 名人也有不堪回首的过去

⊙ 相信自己行，你就一定行

⊙ 好态度也是一种本领

⊙ 持之以恒才能让成功成为可能

⊙ 学习没有尽头，除非自我设限

⊙ 难题总在你恐惧时出现

⊙ 上进心与成就成正比

⊙ 摆脱坏习惯的阻碍

自动自发比天才更重要

你的学习是快乐多，还是烦恼多？你思考过自己不能充满激情地主动学习的原因吗？

不错，现在的教育确实存在很大的问题，虽然现在一直在提倡素质教育，但是"分数唯上"还是教育的主流。

评价一个学生，不论是老师、家长还是学生自己，都把标准放在分数上，结果大多数学生都养成了为分数而学习的不良习惯。大家都盯着名次，争得不可开交。

其实，仅为分数而学习的学生是很难得到高分的。即使暂时得到高分，以后也不会有什么成就的，因为这是为老师、为家长、为应付考试而学，而不是为自己学。这样的学习很难激发真正的学习兴趣，被动学习的效果，绝对没有主动学习的效果好。

晚清的曾国藩虽然是科举出身，但是对科举也很反感。他在给弟弟曾国荃的信中就说："幸亏我年轻时就中了进士，不然大好年华就浪费在无用的八股文之中，绝没有闲暇可以容我读有用之书，储备知识，以备日后救国家于危难。"

大名鼎鼎的人物都这样表态了，你或许会有这样的疑问：既然这样，那我们为什么还要忍受考试的折磨呢？为什么不能像西方国家那样多给我们一点时间娱乐呢？为什么要剥夺我们的快乐呢？像韩寒那样自由写作不是很好吗？为什么要被动接受填鸭式误人子弟的教育呢？

其实，当下的教育主要是生存教育，而不是快乐教育，因为只有进了大学，接受了很好的教育，才能更好地在未来的社会中生存。而没有生存，哪里谈得上快乐呢？这是一个残酷的现实。

人生就是这么无可奈何！抱怨考试是没有用的，因为目前的教育制度有其存在的合理性，在短期内是不会改变的。你确实需要进入大学深造，接受大学氛围的熏陶，成为有用的人才，而前提是你必须经受中考和高考的磨炼。

所以，你首先要树立一个主动学习的观念：不要为分数而学习，而要主动为寻找自己的幸福快乐而学习。如果你只是把眼光锁定在分数上，你怎么能体会到学习的快乐呢？

所谓主动学习，是追求真知，在有滋有味的学习中收获快乐。你学习的中心要从为升学而学转移到为完善自己、提高自己的修养而学，不是别人推着你，而是自己掌握方向盘。

当你主动去寻求知识的时候，时时处处都有你学习的机会和场所。你在大自然中时会对不了解的动植物感到新奇，你仰望星空时会去思考宇宙的奥秘……

不管走到哪里，都是你自由驰骋的疆场，这就是主动学习带来的喜悦。你若想尝试这样的快乐，其实很简单。

名人也有不堪回首的过去

告诉你一个小秘密，有些名人在学校时，一开始并不是学习成绩特别优秀的高手，甚至有人在学习时代还很笨。

1. 他曾经倒数第一

在某小学的一个班里，其中有两名学生，他们的成绩都很差，是全班倒数第一、第二名。过了20多年，他们居然在某处又会面了。他们是谁？原来他们一个是时任维也纳国立歌剧院的院长威尔姆·罗林克，另一个是著名的化学家李比希。

李比希在高中学习期间，有一天校长到他的班级里，看到他不爱学习的样子，就谆谆教导他说："你总是这样的成绩，对你的父母也是一种不孝啊！你应该在学习上加把劲儿，做一个有出息的人。"接着又问他："你将来究竟打算干什么？"没想到，李比希理直气壮地回答说："我想当一名化学家。"他的话音刚落，校长还没来得及说话，全班的学生顿时大笑起来。由于他的成绩非常糟糕，李比希的父亲后来不得不让他退学，到一个药剂师手下当学徒，在那里干不到10个月，又因为"没有什么用处"被解雇了。

2. 他曾经全校最差

英国文豪司各特成名后去访问他的母校。听说文豪司各特要来，全校一阵轰动，教师们特意准备了一堂课让他观摩指导。但司各特对这些并不喜欢，而是问陪同他的老师："你们全校学习最差的是哪一位学生？"老师们感到很难为情，但也不得不把一个学生拉到他面前说："他是全校最差的一个。"

那个学生也被臊得面红耳赤，不敢抬头。司各特抚摩着那个学生的头，和蔼地说："你是全校最差的学生吗？你真是一个好孩子，感谢你牢牢把住了我过去的座位。"说完就从口袋里掏出一枚金币赠给了他。

司各特之所以对这位差等生如此关注，是因为他过去在这所学校学习时，也是个差等生，学习成绩倒数第一。

3. 曾经不懂诗的诗人

德国诗人海涅在学校里是一个人尽皆知的差生，他讨厌课程，反对服从。正如他所叙述的那样，上德语课时，他常被搞得晕头转向，其他课程则更为糟糕。

后来，他虽然能写出举世闻名的好诗，但在学生时期却弄不懂诗的韵律，他的老师常常痛苦地说："你是一个从山沟出来的野蛮人，对于诗一窍不通。"他进入大学后成绩依旧糟糕。

4. 名人的过去并不成功

美国散文作家、诗人爱默生也从未得过一次好成绩。他在中学学习时，成绩不好的消息传到小学校长的耳朵里，这位校长惦记他，常常到中学找他谈话，鼓励他好好学习，特别是在数学上要努力。然而，校长语重心长的鼓励也不起作用，他仍然是一个劣等生。

哲学家黑格尔学习成绩不好，在杜平根大学发给他的毕业证书上有这样一句话："此学生成绩中等，不擅长哲学。"

发现铀的皮埃尔·居里，在校成绩很差，经常被人们称为"笨蛋"。父亲很担心他，曾让他暂时退学，聘请家庭教师帮助他。

达尔文在学校时，成绩也是很差的。他在中学时，由于学习不努力，成绩不良，多次遭到校长的训斥。他在日记里说："不仅老师，连家长都认为我是一个平庸无奇的儿童，智力也比一般人低下。有时，父亲对我说：'你不爱学习，整天就爱玩，将来你一定会给达尔文家丢脸的。'我听了很失落，不知怎么，总是学不好外语，最后居然一门外语也没学成。"

另外，像爱因斯坦、牛顿、拿破仑，在学校都是成绩很糟糕的学生，被老师定位为"最没有出息的学生"。但是，尽管他们是劣等生，却并不影响他们成为伟大人物，他们都取得了举世瞩目的成就，甚至改变了历史的进程。

所以，没有任何一种单一的测试（包括权威的评价）能够衡量或预测一个人的智力水平和成功的概率。每个人都是独一无二、禀赋各异的个体，即使出生就有身体障碍的人，也会有特殊的才能及天赋。甚至你会发现最使你感到挫折的事，其实就是你最大的优点和才能。

只要有机会和恰当的方法，每个人都能够表现出自己的聪明才智，每个人都能够取得成功，就看你以何种方式点燃自己智慧的亮点。就像外行人难以看出一堆貌不惊人的石头有何特别之处，但眼光独到的珠宝商人一眼就能看出其中藏着价值百万的珠宝。我们要像珠宝商人认识他们的宝石一样了解我们自己。

前面提到的大文豪司各特在班级里是成绩最差的，可是他一旦离开教室就显示出自己卓越的活动能力。他的朋友都很崇拜他。他很爱读书，读的是各种小说和历史故事，他讲的故事很有趣，所以很多学生常常拿着零食，聚集到他的屋子里来听他讲故事。

达尔文虽然学习不好，但善于观察动植物，他曾写过这样一段话："我从小就喜欢研究一草一木，曾经研究过为什么树叶到秋天会变红。蚂蚁、蜂、虫之类都是我经常研究的对象。"由于他热衷于化学实验，还曾遭到校长的训斥："你光搞这些东西，浪费时间，不好好学习课程，学习成绩怎么会好呢！"

相信自己行，你就一定行

"要是回答错了怎么办？别人会笑话我的！"

"年级前5名，这是我想都不敢想的事情！"

生活中，很多人都有着不自信的特点。

曾经有一位大学教授在演讲时提出了这样一个问题："各位，对自己充满信心的请举手！"结果，举手的人不到10%。

教授经过调查，发现这些人不自信的原因是从小到大很少受到肯定。但是，不断地发现自己的优点并加以肯定，有助于自信心的培养形成。

有一位名叫丽娜的演员去好莱坞应聘一部电影的女主角，很多影星也来应聘。她站在著名的导演面前，论长相她实在普通，论才华一时也看不出来。于是，导演问她："你凭什么来应聘主角？"

"凭我的自信。"丽娜回答得非常干脆利索。

导演吃了一惊："自信？你能当场向我们表演你的自信吗？"

"没有问题。"她向导演鞠躬后，一转身，大步走到门口，把门推开，放开嗓门大声地对外面面试后等待结果的人说："各位，你们都回去吧，结果已经出来了，我已经被导演录取了。"正是因为自信，让她最终被导演录取了。

为什么那么多的人没有丽娜那样的自信呢？

俄罗斯有一句古老的谚语："把你的帽子扔进围墙里。"意思是说，当你想翻过一堵很难攀越的围墙时，就把帽子先扔过去，这样你就会想尽办法翻越围墙，要把帽子拿回来。人往往就是这样，不够自信的时候，总是给自己留一条后退的路，一个逃避的借口。正因为如此，我们常常错过许多可以"翻越围墙"的机会。而"把帽子扔过去"就斩断了那似有似无的退路和借口，你只能用自信来鼓励自己，去"背水一战"。

所以，我们需要做的是每天大声对自己说："我能行，一定行！"不管你成绩是好是坏，都要对自己说："我能行，一定行！"

每个人都有自己的强项与弱项，有的人显现得较早，有的人显现得较迟；有的人潜藏得很深，有的人很快就表现出来；有些人的某些智能能够得到良好的开发，有些人的智能可能受到压抑，甚至一生都没有开发出来。而通过开发潜在的智能因素，就会在某一方面创造奇迹。

在诗人和文豪中，很多人只顾埋头读书，致使学习成绩低下；在发明家、政治家和思想家中，不少人由于终日沉思，而学不好功课。

牛顿在学习时就总是思考数学问题，所以往往显出发呆的样子，连他的母亲都认为他的脑子有点迟钝，但他很会制造玩具式的机器。

宇宙中有一个角落你肯定能完善，那就是你自己。当你能够运用自己的潜能去争取地平线上可能出现的光彩夺目的东西时，你为什么要坐在自己的角落里？你要相信：自己能行，一定行！

曾有这样一个故事。

一个人在高山之巅的鹰巢里捉到了一只幼鹰。他把幼鹰带回家，养在鸡笼里。

这只幼鹰和鸡一起啄食、散步、嬉闹和休息，它以为自己是一只鸡。幼鹰渐渐长大了，羽翼也丰满了。

主人想把它训练成鹰，可由于终日和鸡在一起混，它已经和鸡一样，不知道自己还能飞。主人试了各种办法，都毫无效果，最后把它带到山崖顶上，一把将它扔了下去。这只鹰像块石头似的，直掉下去，慌乱之中它拼命地扑打翅膀，居然飞了起来！这时，它终于认识到自己生命的力量，展翅高飞翱翔天空，成为一只真正的鹰。

相信自己是一只鹰，你就能展翅高飞。

相信自己能行，你就一定行！

好态度也是一种本领

　　青少年朋友，你可曾注意到自己对待生活和学习的态度，你是否以认真积极的态度做着每一件事？其实，态度有着比能力更强的神奇力量，这是经过科学和实践屡次印证了的真理。从这个意义上说，好态度也是一种本领。

　　美国哈佛大学罗伯特博士曾做过一次令人瞩目的印证"态度"神奇力量的实验。

　　他首先选定了三组学生和三只完全一样的老鼠。

　　他对第一组学生说：这是一只世上最聪明的老鼠，你们要在 6 周的时间内好好训练它，以便使其能在最短的时间里冲出迷宫。为奖赏它，你们要在终点多备些可口的乳酪。

　　他对第二组学生说：这是一只很普通的老鼠，它智力平平，经过 6 周的训练它能否走出迷宫还是个未知数，你们不要抱太高的希望。终点上的乳酪随意你们给多少。

　　他对第三组的学生说：这是一只反应迟钝的老鼠，经过 6 周的训练要使它走出迷宫简直比登天还难。因此，终点上你们没必要准备乳酪。

　　经过 6 周的训练，最终的结果是：

　　第一只老鼠迅速准确地冲出了迷宫；第二只老鼠虽然也通过了迷宫，但时间用得多些；第三只老鼠并未到达终点。

　　最后，博士说出了谜底：实验用的老鼠同出一窝，没有智力上的高低之分。

　　同班的同学、同窝的老鼠，实验结果何以如此迥异？关键在于博士的引导使三组学生产生了截然不同的态度。这个实验告诉我们一个深刻的道理：以不同的态度面对相同的实验客体，出现完全不同的结果也是意料之中的事情。

我们每个人都面对着光怪陆离的大千世界和风雨起伏的坎坷人生，其实，大自然从本质上赋予每个人的最初能力是大同小异的。人与人之间存在的差异归根结底就是每个人对待人生态度、学习态度的差异。

相比较而言，态度胜于能力，一个人的生活态度决定他的人生高度。

如果说，客观条件和智商是成功的一个条件，那么态度就是使你迈向成功的助推器。很明显，客观条件和智商一旦成型，很难改变，而态度则不同，态度可以靠自己把握。能不能登上成功的山峰取决于你对待这座山峰的态度。记住，你的脚永远比山还要高。

所以，每一个青少年都要以认真负责的人生态度走好每一步，只有这样才能拥有一个与众不同的人生。对待学习也是如此，如果你觉得自己智力平平，也没有优越的物质条件，你完全没有必要自卑，因为一个好的学习态度会为你赢得更高的荣誉和更大的进步，对于那些认真生活和学习的人，无论是老师还是社会上的其他人士，都会另眼相看，这也是将来取得更好发展的资本。

持之以恒才能让成功成为可能

"小语，喜欢吗？"美丽的老师问3岁的小语。

"嗯，喜欢！"从第一眼见到这个高高大大，看起来很笨重的黑家伙，小语就喜欢上了它。于是，小语不假思索地回答了老师。

以后，每次老师弹琴的时候，小语总会跑到老师的旁边，看老师美丽优雅的手指在琴键上快乐地跳舞。

终于有一天，小语告诉妈妈，她也想学钢琴。

"小语喜欢钢琴，妈妈很高兴，妈妈也很愿意让小语做喜欢做的事情。但是小语，妈妈要告诉你，学习钢琴会很辛苦，每天都要坚持练琴，而且因为练琴，你要花掉很多时间，这样你玩的时间就会少了很多。你还愿意学吗？"

"妈妈，小语不怕吃苦。"小语坚定地说。

"小语，不管你做什么决定，妈妈都会支持你，既然你决定学习钢琴，那就要一直坚持下去，不能中途退缩，你能做到吗？"

"妈妈，我喜欢钢琴，我能做到！"只有3岁的小语向妈妈做了保证。

从此，小语开始了她学习钢琴的生活。

从起初坐凳子也要妈妈把她抱上去，小小的指头都摁不住琴键，到后来手指飞快地在琴键上舞蹈，乐曲一首首飞扬在空中，小语整整坚持了8年。其中，她吃过的苦只有妈妈最清楚。很多次，妈妈看着小语发红的手指都不忍心让女儿继续练下去，可是每次小语都认真地说："妈妈，既然选择了钢琴，我就要一直坚持下去。"为了安慰妈妈，小语还说："妈妈，你不用担心，我喜欢钢琴，所以我一点也不觉得苦，我还觉得很快乐呢。"

小语的努力终于得到了回报，在全国少儿钢琴大赛中，小语获得了银奖。

"持之以恒"无疑是小语获得优秀成绩的最大法宝。

学习是一个漫长的脑力劳动过程，这个过程十分艰苦。只有当一个人具备了持之以恒、孜孜不倦的求学态度，他的学业才会取得长久的进步。但如果仅凭一时热情，三天打鱼，两天晒网，好成绩是永远都不会属于你的。所以，我们每一个人都要具有持之以恒的精神，这样才能让成功成为可能。想要持之以恒，不妨采用以下做法。

（1）先制订详细的计划。包括不同的时间段你要完成的任务是什么、想达到什么目标、如何去完成学习任务，清晰的计划有助于你有秩序地进行学习。

（2）做好充分的准备以减少干扰。学习前准备好笔、橡皮等学习用品，让学习环境更舒适安静，并调节心情以争取达到最佳的学习状态。

（3）不断地强化学习意识。今天的学习任务是什么，学习内容、学习目标和要求又是什么，让你的注意力始终集中在学习目标上，避免分神或做无用功。

（4）进行积极的自我暗示。不断对自己说："坚持下去！相信自己可以！"事实证明积极的心理暗示对学习大有益处。

学习没有尽头，除非自我设限

"学无止境"，生有涯而知无涯，学习是没有尽头的，除非你自己局限自己。

一名徒弟跟着一位名师学习技艺，几年之后，徒弟觉得自己的技艺已达到炉火纯青的地步了，足以自立门户，因此收拾好行囊，准备和大师辞别。

大师得知了这个消息之后问道："你确定你已经学成了，

不需要再学习了吗？"

徒弟指了指自己的脑袋自豪地说："我这里已经装满了，再也装不下了。"

"哦，是吗？"大师随即拿出一只大碗放在桌上，命徒弟把这只碗装满石头，直到石头在碗中堆出一座小山后，大师问徒弟："你觉得这只碗装满了吗？""满了。"徒弟很快地回答。

大师于是从屋外抓起一把沙子，撒入石头的细缝里，然后再问一次："那么现在呢，满了吗？"

徒弟考虑了一会儿，恭恭敬敬地回答道："满了。"

大师再取了案头上的香灰，倒入那看似再也装不下的碗中，看了看徒弟，然后轻声问："你觉得它真的满了吗？""真的满了。"徒弟回答道。

大师没有再多说什么，只拿起了桌上的茶壶，慢慢地把茶水倒入碗中，而水竟然一滴也没有溢出来。

徒弟看到这里，总算明白了师父的良苦用心，赶紧跪地认错，诚心诚意地请求大师再次收自己为徒。

著名的数学家华罗庚说过："人，活到老，要学到老。"是的，人生是在不断探索中得到升华的，从而才会有辉煌出现，像文坛的几位巨匠：冰心、巴金、鲁迅……他们都深知这个道理，才有如此大的成就，我们熟知的金庸先生更是在 80 岁高龄之际提笔修改了《射雕英雄传》，使这部经典名作再次遇热，受到众人瞩目。不止他们这样，像国外的著名人士也是在不断学习、不断积累中才创作出许多著名文献，马克思和恩格斯就是最好的"人证"。使广大读者得到启迪的《资本论》，是他们耗费毕生心血才完成的，同时他们在不断地努力及探索中使他们的友谊成为世人的榜样。

学习是光明，无知是黑暗。试想，谁愿意面对黑暗不见天日？没有人。那么，只有天天做学问，时时不忘学点知识才能走向光明，使人生更亮丽。

只有在不断求知的过程中，才会使我们真正得到乐趣。波兰著名钢琴家阿瑟·鲁宾斯坦，3 岁学琴，4 岁登台演奏，直到95 岁他未曾间断过对艺术的追求。因为他深知学无止境，艺术无止境，不间断的创作会使心灵得到净化，从而也增加其本身的魅力。

意大利艺术大师达·芬奇说："微小的知识使人骄傲，丰富的知识则使人谦虚，所以空心的禾穗总是高傲地举头向天，而充实的禾穗则低头向着大地，向着它们的母亲。"

到了越高的境界，越会感到自己的不足，因此，把握你生命的每分每秒，好好来弥补这些不足，趁着年轻，要多多学习。

人外有人，天外有天，巅峰之上，还可以再创巅峰。

难题总在你恐惧时出现

英国作家萧伯纳曾说："信心使一个人得以征服他相信可以征服的东西。"

1796 年的一天，德国哥廷根大学，一个很有数学天赋的 19 岁青年吃完晚饭，开始做导师单独布置给他的每天例行的三道数字题。

前两道题他在 2 个小时内就顺利完成了。第三道题写在另一张小纸条上：要求只用圆规和一把没有刻度的直尺，画出一个正 17 边形。

他感到非常吃力。时间一分一秒地过去了，第三道题竟然毫无进展。这位青年绞尽脑汁，但他发现自己学过的所有数学知识似乎对解开这道题都没有任何帮助。

这反而激起了他的斗志：我一定要把它做出来！他拿起圆规和直尺，一边思索一边在纸上画着，尝试着用一些超常规的思路去寻求答案。

当窗口露出曙光时，青年长舒了一口气，他终于完成了这道难题。

见到导师时，青年有些内疚和自责。他对导师说："您给我布置的第三道题，我竟然做了整整一个通宵，我辜负了您对我的栽培……"

导师接过学生的作业一看，当即惊呆了。他用颤抖的声音对青年说："这是你自己做出来的吗？"

青年有些疑惑地看着导师，回答道："是我做的。但是，我花了整整一个通宵。"

导师请他坐下，取出圆规和直尺，在书桌上铺开纸，让他当着自己的面再做出一个正17边形。

青年很快做出了一个正17边形。导师激动地对他说："你知不知道？你解开了一桩有2000多年历史的数学悬案！阿基米德没有解决，牛顿也没有解决，你竟然一个晚上就解出来了。你是一个真正的天才！"原来，导师也一直想解开这道难题。那天，他是因为失误才将写有这道题目的纸条交给了学生。

每当这位青年回忆起这一幕时，总是说："如果有人告诉我这是一道有2000多年历史的数学难题，我可能永远也没有信心把它解出来。"

这位青年就是数学王子高斯。

一些问题之所以没有解决，也许是因为我们把它们想象得太难了，以至于不敢面对。因为在面对困难和挑战的时候，我们更多不是输给了困难本身，而是输给了自身对困难的畏惧。

当高斯不知道这是一道2000多年的数学悬案，仅仅把它当作一般的数学难题时，只用了一个晚上就解出了它。但如果当时老师告诉他那是一道连阿基米德和牛顿都没有解开的难题，结果可能就是另一番情景。因此，在做事前不妨先认为它并不难，相信自己，才能做得更好。

上进心与成就成正比

生活中，有的孩子整天上课情绪不好，对父母和老师的批评也无所谓，看到别人优异的成绩也不在意，就只知道玩，这是没有上进心的表现。一个人没有什么都不能没有上进心，有了上进心才能真正实现自我价值，所以上进心是影响人一生的决定条件，有了上进心你就会变得很富有。

法国一位贫困的青年，以推销装饰肖像画起家。在不到10年的时间里，迅速跃身于法国50大富翁之列。不幸的是，他因患上前列腺癌，1998年在医院去世。他去世后，法国的一份报纸刊登了他的一份遗嘱。在这份遗嘱里，他说："我曾经是一位富人，在以一个富人的身份跨入天堂的门槛之前，我把自己成为富人的秘诀设成了一个问题，谁若能通过回答'穷人最缺少的是什么'而猜中我成为富人的秘诀，谁就能得到我的祝贺。我留在银行私人保险箱内的100万法郎，将作为解开贫穷之谜的人的奖金，也是我在天堂给予他的欢呼与掌声。"

遗嘱刊出之后，有数万个人寄来了自己的答案。这些答案五花八门、应有尽有。绝大部分的人认为，穷人最缺少的当然是金钱了，有了钱，就不是穷人了。另有一部分人认为，穷人之所以穷，最缺少的是机会。又有一部分人认为，穷人最缺少的是技能。还有的人说，穷人最缺少的是帮助和关爱，是漂亮，是名牌衣服，是总统的职位等。

后来，他公开了自己致富的秘诀，他认为：穷人最缺少的是成为富人的野心。

在所有答案中，有一位年仅9岁的女孩猜对了。在接受100万法郎的颁奖之时，她说："当姐姐每次把她11岁的男朋友带回家时，总是警告我说不要有野心！不要有野心！于是我想，也许野心可以让人得到自己想得到的东西。"

谜底揭开之后，震动极大。一些新贵、富翁在谈到此话题时，均承认："野心是永恒的'治穷'特效药，是所有奇迹的出发点。穷人之所以穷，大多是因为他们有一种无可救药的弱点，就是缺少致富的野心，也就是缺少成功最根本的因素——进取心。"

少年得志所产生的骄傲自满，对许多人来说就像鸦片，会麻醉和麻痹他们的心灵，而只有不满足和恒久的进取心才能消除这种情绪。一个随波逐流、安于现状的人，是不可能有什么成就的；不安于现状、追求完美、精益求精的人，才会成为胜利者。

摆脱坏习惯的阻碍

"又要动脑筋，真头疼！"有时候，我们满足于学习现成的东西，遇问题不愿多想一想。

"别人都知道，我就不必举手了！"有时候，我们的举手率很低，除了自己非常喜欢的问题，我们往往会这样认为。

"明天就要开学了，可是我的暑假作业还有好多没完成呢！"有时候，我们的作业大多数是在交之前赶完的。

"赶快做完，做完就可以出去玩了！"老师经常说我们作业不认真，这一方面是由于作业量大，或者做作业的时间没抓紧，还有时是我们只图完成作业任务，不管作业质量。

似乎每个人的身上总是多多少少有着这样那样的坏习惯。对此，有人经常会这样说："没什么大不了的！小毛病人人都会有！"这种对坏习惯无所谓的态度其实是非常不明智的。

美国著名的心理学家威廉·詹姆士说："播种行为，收获习惯；播种习惯，收获性格；播种性格，收获命运。"一种好习惯可以成就人的一生，一种坏习惯也可以葬送人的一生。就如同在成长初期播种的一颗种子，一旦萌发就必然迸发出巨大的能量，好习惯可以使人获得源源不断的益处，坏习惯就只能成为阻碍人前进的绊脚石。想一想，一个爱睡懒觉、生活懒散又没有规律的人，怎么约束自己勤奋学习？一个不爱阅读、不关心身外世界的人，他能有怎样的胸襟和见识？一个自以为是、目中无人的人，他如何去和别人合作、沟通？一个杂乱无章、思维混乱的人，他做起事来的效率会有多高？一个不爱独立思考、人云亦云的人，他能有多大的智慧和判断能力？

古希腊伟大的哲学家柏拉图曾告诫一个游荡的青年说："人是习惯的奴隶，一种习惯养成后，就再也无法改变过来。"那个青年回答："逢场作戏有什么关系呢？"柏拉图立刻正色说道："不然，一件事一经尝试，就会逐渐成为习惯，那就不是小事啦！"

坏习惯就像是身后的尾巴，会一直紧紧地跟着你，等到你发现它严重地影响了你的生活，才想到要摆脱时，一切恐怕就难以挽回了。要知道，习惯的养成是一个不断重复的过程，每一次，当我们重复相同的行为时，就等于强化了这一行为，最终，就成了根深蒂固的习惯，把我们的思想与行为缠得死死的。

正如英国桂冠诗人德莱顿在 300 多年前所说的："首先我们养出了习惯，随后习惯养出了我们。"我们是从习惯中走出来的。所以，如果想要拥有一个美丽的人生，就需要掌握好习惯。那么，从现在开始，我们就要改掉坏习惯。改掉坏习惯不妨从以下几点出发。

（1）从思想深处认清不良习惯的危害性，清楚不良习惯会影响人的身心健康或左右人的行为方式，以争取自觉地建立起戒除不良习惯的意识。

（2）以好习惯取代坏习惯。坏习惯之所以存在是因为它能够在一定程度上使你得到一种心理上的满足，如懒惰。所以，如果要与坏习惯彻底告别，可以找一个同样使你感到满意的习惯来代替它。

（3）求得支持。许多戒除不良习惯者体会到，别人的支持十分重要，是防止复发的有效手段。这种支持可以来自家人、朋友或志同道合的同事。

（4）避开诱因。如果你总喜欢在晚上喝咖啡或饮茶，而这样极容易变得兴奋从而影响睡眠，你就可以改喝白开水或饮料；如果你和一些朋友只要在一起，就想说话从而影响了做作业，你就要试着少和这些朋友在一起。

（5）自我奖励。取得小成功——坚持练琴 1 个月，可以自我奖励一次，如买一本书给自己。

（6）不找借口。要防止自欺欺人，"这是小亮借给我看的武侠书，要不我不会看的"，"这是最后一次，这次之后我就再也不看动画片了"，诸如此类的借口，其实都是下次再犯的苗头和征兆。

第九章

让优秀成为一种习惯

⊙ 成功者心中只有自己想要的

⊙ 不放过任何争取的机会

⊙ 不是战胜别人，而是超越自己

⊙ 另辟蹊径，不走寻常路

⊙ 做自己喜欢做的事

⊙ 扬长避短，发挥自己的优势

⊙ 再卑微的人，也有其独特的价值

成功者心中只有自己想要的

在一个人取得成功之前，他的言行总会被绝大多数并不聪明的人嘲笑，所幸他本人并不在意这些，而是照样不懈地努力，直至把嘲笑变成掌声。

你是否快乐或痛苦，不完全取决于你得到了什么，更多地在于你用心感受到了什么。也就是说，你心里的想法决定着你对外界事物的体会。

一群蛤蟆在进行比赛，看谁先到达一座高塔的顶端。比赛现场有一大群蛤蟆在看热闹。

比赛开始之后，只听见围观者一片唏嘘之声："爬上塔顶实在太难了！只怕这些蛤蟆都无法到达终点。"一些参赛的蛤蟆听了，不禁泄了气，只剩下一小部分蛤蟆还在奋力摸索着向上爬。

围观的蛤蟆继续喊着："太难了！你们是不可能到达塔顶的！"还在坚持的蛤蟆听了这番话，几乎都认输了，于是纷纷停了下来，只有一只蛤蟆例外，它一如既往地继续向前爬着，好像根本没有听见大家的呼喊似的，只顾埋头前进。

在整个比赛过程中，只有那只只顾埋头前进的蛤蟆以惊人的毅力坚持了下来，它竭尽全力爬上了塔顶，其他的蛤蟆全都半途而废。

比赛结束之后，围观的蛤蟆都好奇地看着那只获胜的蛤蟆，想知道它为什么能够到达终点，这才惊讶地发现它竟然是一只聋蛤蟆！

这只聋蛤蟆听不见别的蛤蟆的议论，不知道爬上高塔的顶端有多艰难，只顾埋头前进，所以它最终如愿以偿。在追求自己的人生理想时，我们是不是也只想着理想而不顾其他？

虽然每个人都渴望成功，并会为了成功而努力，可是在前进的道路上，我们却往往容易受到别人的影响，开始懈怠甚至怀疑自己的能力，以致最终半途而废。为了避免出现这种情况，我们应该向这只聋蛤蟆学习，并且时刻问自己："我有没有坚持自己的理想，并像这只聋蛤蟆一样只顾埋头向理想进发？"

许多人之所以没有坚持到最后，就是因为他们的思想被其他事物左右，一时忘记了自己的理想。比如，许多人可能都产生过这样的想法："我想让自己的成绩提高20分""我想一个月减掉2.5千克体重""我想明天提早半小时起床"……可是，当别人告诉他们，要做到这些实在太难了时，他们就动摇了，气馁了，放弃了。其实，要让这些想法变成现实并不难。许多人之所以没能做到这一点，就是因为他们过于关注那些可能的障碍，而没有坚持不懈地努力，把所有的"我想"一件一件地变成现实。

在追求成功的道路上，我们应该排除一切杂念，不断地'想'成功，始终与"想要成功"这一心愿发起时的状态相连。只有做到这一点，我们才有可能成为见证自己成功的人！

不放过任何争取的机会

生命很快就会过去，一个机会从来不会出现两次，我们必须当机立断才能抓住。

期待明天出现奇迹，或是等待别人为你创造奇迹，是一种不切实际的想法，抱有这种幼稚想法的人最终必将惨遭失败，世上没有救世主，一切只能靠自己。也就是说，任何成功都是主体努力争取的结果。懒惰和等待只会让人们错失机会，所以不要只顾等待机会，而应该努力拼搏，不放过每一次主动争取的机会。

要想取得一番成就，仅仅依靠蛮干是不够的，因为蛮干往往难以取得太大成效，所以我们还要懂得争取机会。俗话说，"机不可失，失不再来"。2007年获得哈佛大学荣誉法学博士学位的比尔·盖茨也说："在某些意义上，时机是一种巨大的财富，抓住机遇，就能成功。"抓住了机会，我们就有可能乘风而起，登上成功的巅峰；如果错失了机会，我们就会与唾手可得的成功失之交臂，并因此而懊悔不已。不过，机会又是非常稀缺的，而且稍纵即逝，所以我们必须全力争取，并努力抓住它。

在《乱世佳人》已经开拍时，女主角的人选还没有最后确定。毕业于英国皇家戏剧学院的费雯·丽，当即决定争取出演郝思嘉这一既诱人又有挑战性的角色。可是，此时的费雯·丽还没有什么名气，只怕难以争取到这么好的机会。

"怎样才能让导演知道我就是扮演郝思嘉的最佳人选呢？"这个问题一直困扰着她。经过一番深思熟虑，费雯·丽决定毛遂自荐，方法是自我表现。

这天晚上，制片人大卫刚拍完《乱世佳人》的外景，又露出了一副愁容。突然，他看见一男一女走上楼梯，男的他认识，是电影的男主角，那女的是谁呢？只见那女的一手扶着男主角，一手按住帽子。大卫正在纳闷，突然听见男主角大喊一声："喂！请看郝思嘉！"大卫一下子惊住了："天呀！真是踏破铁鞋无觅处，得来全不费功夫。这不就是活脱脱的郝思嘉吗？！"于是，费雯·丽被选中了。

在扮演郝思嘉这个角色之前，费雯·丽只是一位名不见经传的小演员，她之所以能够从此一举成名，就是因为她大胆地抓住了表现自我的良好机会。

机会不会从天而降到你头上，需要你自己去争取。至于机会什么时候到来，谁也没法预测。一个渴望成功的人，必须做好准备，等待机会的到来，这样无论机会何时出现，他都不会与之擦肩而过。在等待机会之时，不能放松，应该注意审时度势，养精蓄锐，以便更顺利地抓住机会。如果你背着双手，什么都不做，只知道守株待兔，那么机会就会从你身边溜走。所以，你要让自己时刻保持最佳状态，以便机会出现时能够紧紧地抓住它。

如果等不到机会，就努力去创造它。机会是一位性情怪僻的天使，只有经过反复的尝试，多方出击，努力争取，才能寻觅到她的身影。

充满朝气的青少年，现在正是你努力奋斗的时候，如果你错过了这样的好时机，那么你就比别人少了一次甚至是无数次机会。因此，从这一刻起，你就有必要提升自己的认识，努力抓住每一次到来的机会，或为自己创造机会。

不是战胜别人，而是超越自己

一个人追求的目标越高，他的才能就发展得越快，对社会就越有益。我确信这是一个真理。

在成长的过程中，很多青少年因为遭到外界的否定、批评和打击，逐渐丧失了奋发向上的热情、信心和勇气，变得懦弱、狭隘、自卑、孤僻、不思进取、不敢拼搏、害怕承担责任……事实上，他们不是输给了外界压力，而是输给了自己。人生最大的挑战就是超越自己。很多时候，阻挡我们前进的不是别人，而是我们自己。因为怕跌倒，所以我们走得胆战心惊、亦步亦趋；因为怕受伤，所以我们把自己裹得严严实实。殊不知，我们在封闭自己的同时，也封闭了我们的整个人生。

人生是一个不断超越的过程，成功就源于拥有这种不断超越自我的自信。无论外界的压力有多大，只要你能够从各个方面完善自己，逐渐成长壮大，就能挣脱各种限制，超越自己，开创辉煌。因此，在前进的道路上，你除了要保持本色，还必须自觉地超越自己，不断提升自己的能力，做一个强者。要知道，在这个世界上，只有强者才能掌握自己的命运，也只有强者才能够在芸芸众生中脱颖而出。

要超越自己并不难。每个人的心里都沉睡着一个巨人，如果你能唤醒他，就能让他帮助你超越自己，使你成为了不起的人物；如果他一直沉睡，那么你这一生可能都要在碌碌无为中度过。这个巨人到底是谁？他就是进取心。进取心又始于一份渴望。渴望是原动力，当你想要一样东西，想要做成一件事时，你心中便会生出一股推动你去获得、进取、追求的力量——渴望。而当你渴望实现这些梦想时，进取心便油然而生；当你坚信自己能够改善现状时，进取心就会茁壮成长。因此，要想超越自己，就要充满对成功的渴望，让自己时刻保持一颗进取心。有进取心的人会为了实现梦想而勇往直前，这也是百年哈佛给我们的人生忠告。在哈佛大学的诸多优秀毕业生之中，有许多人都曾经默默无闻，正是不断超越自我的进取心让他们创造了辉煌。

当然了，也许有人会问：必须要像历史上的伟人那样做出丰功伟绩才算成功，才算得上超越自己吗？并不是这样的，只要今天比昨天好，现在比过去好，就是一种超越。

林恩是一位家庭主妇。在婚后 18 年里，她每天都忙于打理家务，照顾年幼的孩子。随着两个孩子都长大成人，林恩也变得越来越不愿意安心当全职太太，她渴望成为一名计算机检修工。

经过一番思考，她走出了家门。可是，计算机行业是一个富有挑战性的领域，主要从业人员都是男性，这引发了林恩的无限焦虑。不过，在她的一些女性朋友的鼓励下，她还是慢慢地克服了焦虑，开始积累工作经验。在此过程中，她经历了许多挫折，但是她并没有灰心，而是一次又一次地挺了过来，因为她不甘心认输，渴望取得一番成绩，也坚信自己能够做到这一点。经过一番磨砺，林恩最终肯定了自己具备成为计算机检修工的能力。

现在，林恩拥有了自己的事业，她已经超越了自我，不再是当年的家庭主妇。

一个人只有不断进步，不断完善自己，才能超越自己。每天都在超越自己，哪怕仅仅超越一点点，你也能每天都有进步，最终走向成功。

追求超越自我的人，不但能够取得成功，而且每一分每一秒都过得很踏实。他们会尽自己所能地去做事、享受并付出。除了学习和工作，他们的人生还有其他的意义。他们追寻生命的真谛，而且懂得享受生活。为了体验生活中的各种乐趣，他们不但剖析自我、超越自我，而且从大处着眼，展望生命的全貌，并把生活的各个层面融为一体。若非如此，即使身居高位、生活富足，也会感到空虚、乏味。

青少年正值青春年华，未来充满了无限的可能性，更应该时刻保持一颗进取心，勇敢地跳出自己的小圈子，努力超越自我，并且享受这一过程。只有这样，你才不会畏首畏尾，才能创造属于自己的辉煌。

另辟蹊径，不走寻常路

另辟蹊径才能有新发现，在街道上挤来挤去不会有什么作为。特别是要想成为一名优秀的领导者，必须具备独特的思维方式，不走寻常路，这样才能打破常规，带领下属走上新的道路。

在现实社会里，有许多人为了过安稳的生活，往往不会违背主流。所谓主流，可以理解成顺从大众的一种潮流。主流事物往往遵循既定的规律和法则，结果可以预见，也相对稳定，因此追求主流的人占了多数。不过，如果我们一味地遵守约定俗成的规则，缺乏另辟蹊径的勇气，就会丧失创新基因，难以有所发明和创造。要想挖掘无穷的创造力，必须敢于摆脱规则的束缚，另辟蹊径。

另辟蹊径是人的智慧凝结而成的一种创意。它通过活跃的思维、合适的手法，把精彩的创意表现得淋漓尽致。那些在事业上取得了巨大成就的人，普遍都敢于另辟蹊径，踏上一条不寻常的道路。

1982年，太阳马戏团成立。决策者意识到自己没有能力与当时的行业领导者——小丑之王马戏团竞争，因此他们运用了蓝海战略。

蓝海战略认为，整个市场就像一个海洋，这个海洋由红色海洋和蓝色海洋组成，红海代表现今存在的所有产业即我们已知的市场空间，蓝海则代表当今还不存在的产业即未知的市场空间，企业只有超越传统的产业竞争，避免在有限的市场中求胜，努力开创全新的市场，才能在激烈的竞争中占据一席之地。运用蓝海战略，主体的视线将越过现有的竞争边界，转而注意满足买方的需求，将不同市场的买方价值元素筛选并重新排序，从给定结构下的定位选择向改变市场结构本身转变。

太阳马戏团正是基于这种战略的考虑，取消了传统马戏团上演的动物表演，既避免了动物保护团体的抗议，又大幅降低了企业的成本。随后，马戏团大胆创新，招募了一批体操、游泳、跳水等专业运动员，把他们训练成了专业的舞台艺术家。此外，还摆脱了传统马戏团的桎梏，运用绚丽的舞台灯光、华丽的舞台服装、美妙动人的音乐，融合歌舞剧的情节，创造了前所未有的感官体验。

此举使得人们耳目一新，因此太阳马戏团迅速赢得了市场。

太阳马戏团能够在激烈的竞争中创造辉煌的业绩，就是因为它敢于另辟蹊径，从而找到了一条适合自己规模、特点的新道路，掌握了竞争的主动权。

这种另辟蹊径的理念也适用于青少年个人的创新行为。作为没有什么经验的社会新人，也应该走上一条不寻常的路，努力拓展自己的"人生蓝海"。不过，有一点需要注意，那就是另辟蹊径时要注意结合自己的个性。在这个竞争激烈的年代，我们不仅要面对才能的竞争，还要弄清楚自己的独特之处，并且坚持自己的个性，如果盲目从众，就很难让自己潜在的优势得到充分的发挥。也就是说，只有做到"人无我有，人有我优"，实现独特的创新，才能为将来的成功奠定坚实的基础。

做自己喜欢做的事

有些年轻人认为，那些做出惊人成绩的人大多数都有很高的天赋。就说本杰明·富兰克林吧，他既是18世纪美国最伟大的科学家和发明家，又是著名的政治家、外交家、哲学家、文学家和航海家，还是美国独立战争的伟大领袖。虽然有些像本杰明·富兰克林一样取得伟大成就的人的确天赋很高，但是这样的人毕竟只是少数，我们没必要拿自己跟这种千年难遇的奇才相比。真正值得我们学习的，是那些能够不懈地追随自己兴趣的人。比如，曾经被老师斥为"低能儿"并因此而被勒令退学的爱迪生，他一生从未停止过对自己兴趣的追求，这才成就了他"光明之父""发明大王"的美誉。因此，我们年轻人不应该把自己不能成功的原因归于没有天赋，而应该问一问自己有没有带着兴趣去做一件事。

兴趣是指一个人力求认识某种事物或爱好某种活动的心理倾向，它能够给人带来愉悦感，让人觉得做某一件事情是快乐的，并能使人坚持不懈地做下去。因此，在从事自己所喜爱的事情时，人们总能感到一种莫名的兴奋感和满足感。只要对某一件事有了兴趣，人们就会变得勤奋起来，自觉地从事或追求它，并且投入其中。相关研究也表明，如果一个人对某一事物没有兴趣，那么他只能发挥出20%～30%的才能，而且容易感到疲惫；而对某一事物感兴趣的人，则能发挥其全部才能的80%～98%，并能长时间保持高效率而不会感到疲劳。也就是说，一个人在兴味索然时，做一件事会觉得痛苦；而在兴趣浓厚时，做这件事则会感到喜悦。如果一个人能够根据自己的兴趣去树立人生的理想，那么他的积极性将会得到充分发挥，即使遇到诸多艰辛和磨难，他也不会灰心丧气，而是想尽一切办法去克服它们，甚至达到废寝忘食、如痴如醉的地步。

许多为人类做出巨大贡献的人，就是在这种强烈兴趣的影响下才具备了强大的动力，不断地在自己的研究领域里辛勤耕耘，最终取得了辉煌的成就。

门捷列夫出生在一个进步的小知识分子家庭，接受过很好的启蒙教育，对一切新事物都满怀探索的热情。

中学时，门捷列夫的化学老师经常热情地向学生们介绍化学界的新发现，使门捷列夫的思想逐渐变得开阔起来。他觉得化学世界真是太奇妙了，于是渐渐地对化学产生了浓厚的兴趣，并乐此不疲地在化学王国里不停地探索。23岁那年，他就凭借出色的表现成为彼得堡大学化学教研室的副教授。

当时的化学界正处于探索元素的阶段。门捷列夫也满怀热情地探索着："各个元素之间究竟有什么关系呢？其中是否有规律可循？"在几个月的时间里，他用了不知道多少张演算纸，却始终一无所获，可他并没有灰心，他太想知道答案了，这种渴望促使他经常通宵达旦地工作。

这天，他又熬了一个通宵。虽然有阵阵困意袭来，使得他的眼皮都打架了，但是他的思维却依然在高速运转。因此，他舍不得去卧室睡，就躺到办公室的沙发上，准备小睡一会儿再继续思考。随后，就发生了一件令人不可思议的事情——他居然在睡梦中清楚地看到了一张表格，也就是我们现在所知的元素周期表。

正因为门捷列夫对化学具有浓厚的兴趣，所以他才能够长期投入其中，即便是在无意识的睡眠状态下，他的思维也依然没有离开化学，这才取得了他梦寐以求的成果。

既然兴趣如此重要，那么我们是否也应该充满兴趣地做事呢？也许有些青少年会认为，有趣的事大家当然都乐意去做了，可是那些简单、平凡甚至枯燥的事怎么办呢？要在这些事情上发现乐趣实在太难了。哈佛大学的人生智慧理念告诉我们，兴趣是可以培养的，在枯燥的事情中发现乐趣，我们将更容易获得成功和幸福。因为在别人看来那是一种痛苦的时候，我们实际上已经在享受那种过程带来的愉悦了；你比别人前进了一步。所以，我们完全可以从每一件枯燥的事情中找到乐趣。只要你投入其中，就会发现每件事都有独特的意义，并不像我们想象中的那样乏味。

　　不仅如此，青少年还应该认识到兴趣只是迈向成功的第一步，我们要将兴趣进行到底。因为经过时间的磨炼，兴趣会逐渐变成我们的专长，而这种专长反过来又会让我们的兴趣更加浓厚，使我们在某一方面占据优势。如果能够形成这样一种良性循环，那么我们就会像那些"天赋极高"的人一样，取得别人无法超越的成就。

扬长避短，发挥自己的优势

　　做人必须做出自己的品牌，如果一个人用自己的短处来做事的话，就会在永久的卑微和失意中沉沦；反之，如果选择长处来做事，经营自己的优势，则会发挥无限潜能取得成功。人生在世，要做的事千种万种，很多人总想做别人认为最好的事，以为只有那些最好的，才能证明自己是最优秀的。然而事实并非如此。其实很多成功的人之所以成功，是因为他们懂得扬长避短，发挥自己的优势，做最适合自己的事情。

　　这个世界上有很多人总认为"就这样活着吧，机遇不好，老天对我也不公平"。越是这么想，就越觉得心安理得，也就越放松自己，得过且过，不知不觉中就彻底放松了自己。

要改变这样的人生状态，首先就要改变我们的思维方式。常言道：因地制宜而量体裁衣。其实这都在告诉我们一个简单而明了的哲理，那就是只有适合自己的，能发挥自己优势的，才是最好的！就像鲁迅先生，他弃医从文，向全世界证明了笔比手术刀更尖锐，他用手中的笔揭露了黑暗社会吃人的本质，刺激了中国人民的麻木神经。他是适合文学的，几欲呐喊，几欲彷徨，连野草都变得永生！于是，他成为一代文学大师，成为历史上最值得铭记的人。

每个人都有长处，也都有短处，一个人能否获得成功，关键就在于他能否善用自己的长处，发挥自己的优势。对于一个人来说，扬长避短是办事的前提，而这个前提的前提则是对自己的长处和短处有清醒的认识。

在 20 世纪 20 年代，北京大学的校长是大名鼎鼎的蔡元培先生。蔡元培先生学富五车、德高望重，但唯独不善于处理行政关系，尤其是在藏龙卧虎的北京大学，如何处理老师、学生和学校这三者之间的关系真是着实让他头疼。但好在蔡元培先生能够认识到他在此方面的不足，对于这一缺点，他做出了两项弥补：首先是采取兼容并包的态度管理教学，当然这一思想后来被灌进了北京大学的灵魂，成了举世皆知的校训；其次，蔡元培先生将日常主要的行政事务交给了副校长胡适先生，由此将自己从本就不擅长的领域解放出来。胡适先生长袖善舞，处理起行政关系来驾轻就熟，因此也成就了北京大学历史上的第一个黄金发展阶段，而两位校长共同治校从此也成了一段佳话。

说到扬长避短，人们自然会想到田忌赛马的故事。田忌屡次与齐国公子打赌赛马，结果总是不能取胜。孙膑分析田忌的马的脚力，认为与齐国公子相比也并没差多少，于是对田忌说："你尽管下赌注就是了，我自有办法让你取胜。"到临场比赛的时候，孙膑为田忌出谋划策："拿你的下等马和他的上等马比，拿你的上等马和他的中等马比，拿你的中等马和他的下等马比。"比赛结果，田忌一负而两胜，赢得了齐国公子的重金。

马还是原来的马，孙膑为什么能逆转赛事反败为胜呢？发挥己方优势，规避自己的劣势，扬长避短，合理调度，就是孙膑取胜的奥妙所在。

美国民族英雄富兰克林曾说："宝贝放错了地方就成了废物。"说的就是扬长避短的道理。青少年如果能够清醒地认识自己，那就等于给自己的人生增加了一个宝箱，而做到扬长避短则是打开宝箱的钥匙。经营自己的长处，会不断给你的人生增值加分，而经营自己的短处则只会使你迷失在失败的泥沼里。因此我们可以看到，但凡是取得了成功的智者，他们都极力地发挥自己的长处，尽量不去尝试自己不擅长的工作，以免"一世英名毁于一旦"。

清代诗人顾嗣协曾有这样一句诗："骏马能历险，犁田不如牛。"世间没有完全无用的人，就如同世间没有完美的人一样，关键在于是否能够合理调配自己的能力，把自己最突出的能力用到最该用的地方。

作为青少年，当我们总是为自己的失败而怨天尤人的时候，先冷静下来想一想，自己了解自己的优点和缺点吗？自己是不是正在做展露缺点、隐藏优点的蠢事？如果是，自己是否有能力改变这种状况？尺有所短,寸有所长,这世上没有走不通的路，只有选错的路。

再卑微的人，也有其独特的价值

丽莎·加西亚是一个勤奋好学的姑娘，她是以优异的成绩被哈佛大学录取。进入哈佛大学之后，她像以前一样努力，认真地听课、做笔记、自习。但是，由于哈佛大学是精英汇集之地，再加上丽莎·加西亚一时不适应新的学习环境，因此期末考试时她的成绩并不理想，这个结果令一向成绩优异的她感到非常沮丧，甚至有些自卑。直到听了帕特·希尔教授所讲的一场主题为"人生价值"的讲座，她才重新找回了自信。

一个人的价值不取决于别人对他的态度，也不会因为他遭受的挫败而贬值，因为无论别人如何对待他，哪怕是侮辱、诋毁他，他的价值也依然存在。每个人的价值都是无可取代的。

一个人既然来到了这个世上，就有他独特的使命和存在的意义。上帝赋予了我们不同的肤色、不同的个性、不同的人生经历等，是为了让我们的生活多姿多彩。很多人之所以总以为自己一无是处，或是抱怨生活，是因为他只顾羡慕别人，而没有真正地认识自己。其实，生活中到处都充满了美好，只要我们善于发现，充分认识和发掘自身的价值，做最好的自己，就没有谁能够代替我们。

1972 年，新加坡旅游局向时任总理的李光耀提交了一份报告，报告的大意是这样的："我们新加坡不像埃及有金字塔，不像中国有长城，不像日本有富士山，不像夏威夷有十几米高的海浪。除了一年四季直射的阳光，我们什么名胜古迹也没有。要发展旅游事业，实在是巧妇难为无米之炊。"

李光耀看了报告，非常气愤，在报告上写下了这样一行批语："你想让上帝给我们多少东西？阳光，阳光就够了！"

后来，新加坡利用本国一年四季直射的阳光，种花植草，迅速发展成为世界上著名的"花园城市"，旅游业收入连续多年名列全亚洲前三位。

每个人身上都有别人所没有的东西，只要你充分认识到并肯定自己的闪光点，就能够发现自己独特的价值。新加坡的旅游业能够取得这样的成就，就在于李光耀充分认识到了新加坡阳光充足的优势，肯定了阳光的价值，并妥善地利用了这一点。

德国哲学家黑格尔曾经说过："存在即合理。"无论是不入流的电影、丢给小狗的骨头、荒地里的杂草，还是奇形怪状的石头，都有它存在的价值和意义，因为它也是这个千姿百态的世界的一分子，没有谁跟它是一模一样的，所以也没有谁能够取代它。大熊猫、白天鹅、啄木鸟等动物固然能够因其自身独特的价值赢得人们的喜爱，苍蝇、蚊子、老鼠也同样有其存在的价值。再如橡树，它虽然不适宜做建筑材料，但是具有其他树木不具备的价值：因为它防潮，弹性也很好，又具有很好的观赏性，所以被广泛应用于葡萄酒或香槟酒的瓶塞、高档地面材料的生产之中，还被人们用来装饰园林。

无论如何，我们都不应该自怨自艾，而应该认识到自身的独特性，并充分肯定自己的价值。届时我们将会意识到，自己和所有的杰出人士一样，也具备成功的资格和条件。

第十章

你并不是一个人在奋斗

⊙ 乐群，是做人之本、成功之基

⊙ 和比你优秀的同学在一起

⊙ 敞开心扉，与老师近距离对话

⊙ 主动适应不同的学习环境

⊙ 以一颗平常心对待同学间的竞争

⊙ 与父母沟通就是在增长自己的智慧

⊙ 站在越来越高的巨人肩膀上

⊙ 面对诱惑，要懂得控制自己

⊙ 内心有阳光，世界就是光明的

乐群，是做人之本、成功之基

人们在事业生活上取得成功的道路是各不相同的。但是，取得成功的一个主要因素则是共同的，那就是必须善于社交。

美国的赖斯·吉布林在他的《人际交往的艺术和技巧》一书中说："各种各样的科学研究已经证明，如果一个人学会了如何与他人打交道，不管你的职务是什么，你都在通往成功的道路上走完了85%左右的行程，而在取得自己的幸福方面，已经有了99%的把握。"

根据学校老师的描述，美国前总统小布什在中学期间好玩、喜欢恶作剧、看到书本就头痛，所以成绩奇差。上大学后，他主修历史，但成绩一般，绝大部分拿C，也进修过政治学和经济学，但成绩一塌糊涂，只有哲学和人类学取得较像样的成绩，获B+。

在越战年代，不少大学学生都曾发起学生反战活动，但小布什对此漠不关心，他把大学4年光阴尽花在了嬉笑玩乐上，而他最拿手的是与人交往。有人开玩笑，耶鲁大学4000名大学生里，小布什可能认识1000人。从另外一方面说，因为他交游广阔，为他日后的从政提供了不少助益。

未来社会需要青少年具有社会交往和活动的能力，然而今天的独生子女恰恰缺乏与人交往、合作的机会，他们身上或多或少都有着不合群、自私等表现。青少年将来能否积极地适应各种环境，能否协调好与他人与集体的关系，能否勇敢地担起社会责任，能否乐观地对待人生等，都和社会交往密不可分。

一般来说，青少年在人际交往方面的问题主要有下面几种。

1. 自闭与防御心理

进入青春期后，青少年自我意识与独立倾向明显增强，自尊心很强，内心世界不愿向别人袒露，特别是在某方面受到挫折后，更容易出现自闭与防御心理。这种心理会加重思想负担，造成一定的心理压力。这种现象产生的原因是多方面的，有的是对因升学等导致的学习环境变化不能适应，不能在新环境中很快建立新的友谊；有的则是因为怕自己不能被人理解，怕别人嘲笑自己的想法，认为对方不会以诚相待，不会为自己保密等。

2. 自卑与交往恐惧心理

这种心理会导致青少年感情脆弱，忧郁孤僻，害怕别人看不起自己，不愿参加集体活动，不敢与人交往。也有的学生因为在交往中受到过挫折和伤害，对交往怀有一种恐惧心理，在与人交往时紧张、手足无措，因此而导致的交往失败体验则会进一步加深这种心理。

3. 自我中心的心理

具有自我中心心理的学生在与人交往过程中，处处从自己的利益出发，一味希望别人能听从自己，为自己服务，而不考虑付出。这些学生唯我独尊，不能听取他人意见，往往有骄傲自满的情绪，这种心理最终会导致他们成为人际交往中的失败者。这类学生主要集中在两类群体中：一是以溺爱的家庭教养方式为主的独生子女，一是学习上经常获得成功体验、经常受教师表扬但对挫折承受较差的"优秀学生"。

人是群体性的动物，只有在"群"中，个人的力量才能发挥到极致。乐群，也就是乐于群体生活，能够在人际交往中如鱼得水，这是一项不可小觑的本领，甚至可以说是做人之本、成功之基。所以，千万不要认为这是与学习无关的小事，要把它重视起来，从小培养自己的人际交往能力，以便在日后的生活中得心应手。

和比你优秀的同学在一起

美国著名新闻评论家和作家李普曼在哈佛大学求学时，有很多好朋友，其中有为了革命而客死苏联的著名"左派"记者约翰·里德（其成名作为《震撼世界的十天》），有后来开现代诗风气之先的诗歌大师艾略特。李普曼受教于著名美学家乔治·桑塔亚纳，知遇于著名哲学家威廉·詹姆斯，而彼时哈佛大学的校长则是推动美国大学读名著运动的著名教育家埃利奥特，好学的李普曼从韦尔斯、萧伯纳读到尼采、叔本华，跨越多门学科，无所不窥，其阅读的宽泛和速度是惊人的。

1908年秋天的一个早晨，正在哈佛大学读二年级的李普曼，忽然听到有人敲他的房门。他打开门，发现面前站着一位银须白发的老人。他愣住了，因为他发现这位老人是哈佛最著名的导师之一———哲学家威廉·詹姆斯。

威廉·詹姆斯笑着对他说道："我想我还是顺路来看看你，告诉你我是多么欣赏你写的关于温德尔的文章。"

原来，李普曼在哈佛大学校刊上发表的一篇关于温德尔的文章被威廉·詹姆斯教授看到了，他是来向李普曼表达他的欣赏之情的。

从此以后，大学二年级学生李普曼成了詹姆斯教授家的常客，每周四上午11点，他都来到教授家和他一起喝茶，他们妙趣横生的谈话涉及政治、社会、伦理宗教等各个领域。詹姆斯曾教导他说："一个作家每日至少要写1000字的东西，不管他是否愿意，甚至不管他有无东西可写。"

　　和这样的智者谈话让李普曼获得了极大的鼓励和精神上的收获，他在给父亲的信中写道："这（与詹姆斯的谈话）是我在哈佛的生活中最了不起的事情。"

　　李普曼的另一位老师是自由思想家、美学家桑塔亚纳，桑塔亚纳严谨缜密的行事方式、敏锐练达的批判态度、傲岸不同流俗的见解及做人方式，都使李普曼在精神上紧追他的步伐。桑塔亚纳超然物外的态度，以及相信"理智的功能是驾驭经验"的说法，并且由此延伸出来的"过分的民主可能导致大众的暴政"的观点——"这是所有统治中最残酷、最反进步的统治"——对李普曼一生的新闻及政论写作有着惊人的影响。

　　对于自己的两位老师，李普曼曾直白地说："我所知的最伟大的人物中，我最热爱詹姆斯，但我越发感到，桑塔亚纳是我无法摆脱的。"

　　与优秀人物结交，才能提升成功的概率。怀特是美国印第安纳州小乡镇上的铁道电信事务所的新雇员，16岁时他便决心要独树一帜，27岁时他当了管理所所长，后来又成为俄亥俄州铁路局局长。当他的儿子上学时，他给儿子的忠告是："在学校要和一流人物结交，有能力的人不管做什么都会成功……"

　　朋友与书籍一样，好的朋友不仅是良伴，也是我们的老师。

　　要与伟大的朋友缔结友情，跟第一次就想赚百万美元一样，是相当困难的事，这原因并非在于伟人们的超群拔萃，而在于我们自己容易忐忑不安。

　　年轻人之所以容易失败，是因为不善于和前辈交际。第一次世界大战中法兰西的陆军元帅福煦曾说过："青年人至少要认识一位善通世故的老年人，请他做顾问。"

　　不少青少年总是乐于和比自己差的人交际，这的确很值得自慰，因为在与友人交际时能产生优越感。可是从不如自己的人身上，显然是学不到什么的。而结交比自己优秀的朋友，能促使我们更加成熟。

我们可以从劣于我们的朋友身上得到慰藉，但也必须获得优秀的朋友给我们的刺激，以助长勇气。

大部分的朋友都是偶然得来的。结交朋友虽出于偶然，但朋友对于个人进步的影响却很大，因此交朋友宜经过郑重的考虑之后再决定。

总之，事业成功的人，有赖于比自己优秀的朋友不断地使自己力争上游。

敞开心扉，与老师近距离对话

你的老师严肃吗？见到他的时候你是不是很紧张，不敢和老师接近？其实，我们在学习过程中，很重要的是要和老师做朋友，每天多注意和老师沟通，把自己的疑惑和老师沟通，甚至学习以外的问题都可以和老师沟通，因为，学习上的任何困难老师都可以帮你解决，你学习上的每一个进步，老师都会为你感到高兴。

其实，我们从小到大，都是老师教给我们知识，给我们讲生动有趣的故事，与我们一起关注学习成绩。老师的严格要求是为了帮助我们更好地学习，提高我们的学习成绩。所以，我们有什么问题老师都会帮助我们的，请你与你的老师做朋友吧，你不懂的问题提出来吧，老师绝对不会说你笨的，他会为你的努力学习而感到高兴，也可以把你的思考与老师一起分享，错误的得到更正，正确的将得到老师的赞赏。如此，你会得到不断地进步与提高。

而且，老师就是你的朋友，上课回答问题的时候，面对他你还会紧张吗？而且，你放心，老师也不会徒增你的学习压力，他更了解你的学习情况在班级中排到什么样的水平。让老师帮你制订一个计划，将更加帮助你循序渐进，一步一步按计划进行，取得成功。

我们可以看一下成绩突飞猛进的小文的日记——"假如我是花儿，老师就是蜜蜂，不管花儿开得多烂漫，只有辛勤的蜜蜂才能帮花粉提炼出清甜的花蜜；假如我是花儿，老师就是园丁，只有辛勤的园丁才能培育出茁壮的花朵来装点这美丽的祖国；假如我是花儿，老师就是露水，一颗颗晶莹的露水就是一份份纯洁的关怀；假如我是水，老师就是阳光，只有阳光才能将水变成一朵朵白云让云朵自由自在地飞翔；假如……"

看到这则日记，你应该明白究竟是什么使小文的成绩突飞猛进了吧！

不要仰着头去看自己的老师，把自己和他放在同等的位置上，敞开心扉，与老师做好朋友，你会得到巨大的进步和美妙的体验。

主动适应不同的学习环境

随处可见的小小蒲公英，不论怎样的环境，它们都能顽强地生长。

学习也如此，要能适应不同的环境。改掉不善于改变自己去适应不同学习环境的坏习惯。

从小学到中学，从一所学校到另一所学校，环境都会发生变化，这都会对我们的学习或多或少地产生一些影响。

有个学生不久前从市郊的一所普通学校转到了市里的一所

重点学校。

从学籍上看，他各科成绩都不错，而且很平均，属于各方面均衡发展的学生。原以为有这么好的基础，再加上现今的学校是重点，有浓厚的学习氛围，他应该有更大的发展。但事与愿违，一学年后，问题就产生了。他的学习成绩呈下滑趋势，而且出现了严重的偏科现象，他甚至对英语和语文两门功课失去了兴趣。成绩不理想还算不了什么，更令人担忧的是他的心理问题，他产生了严重的焦虑情绪，不能释放学习带来的压力，害怕学不好，害怕考不好，注意力不能集中，精神恍惚。最后老师和他做了一次很深入的交谈，才弄清楚他变化的根本原因：不能适应学习环境，他原来的那所学校，学习节奏、强度、竞争力、紧迫感都远不及现在的学校。

学习环境每天都在变，每个学生都可能遇到学习环境变化的问题，但是我们要以最大的努力去适应新的环境，这样才能促进学习，有一位学生在文理分科时选择了理科，后来他逐渐发现自己不太适应理科班的学习环境，但他没有放弃，更没有感到苦恼忧虑。

而是通过分析，找到了自己与全班氛围格格不入的原因，最后纠正了这些问题，慢慢适应了理科的学习，成绩也一点点提高了。

在日常的学习中，我们周围可能会发生一些微不足道的小变化，比如邻桌换了一个调皮蛋、家里来了许多客人、屋子里闹哄哄的……如何在每一种学习环境里都能应对自如，是我们应关注和学习的。当环境发生变化后，我们应根据自己的实际情况，包括成绩、性格等因素来确定适应学习环境的方法。周围吵闹不休，有些学生闹中取静或转移地点；在学校里有严格的纪律约束，在家里较为自由一些，那么学习的时候，就应想一些克服自由散漫的办法，如给自己制定一个明确的目标，给自己制定一条严明的纪律……这些都是为了适应不同的学习环境。

总之，环境变了，我们也要跟着变，并且还要采取灵活多变的方法来适应这些变化了的学习环境。

适应不同的成长环境是一种本领，适应不同的学习环境也是一种可贵的本领。但时下却有不少学生不具备这种适应不同学习环境的本领，一旦学习环境稍有变化，他们的学习状态、学习成绩就会随之变化。

培养并保持适应学习环境的习惯是当务之急。我们应多出门，走进大千世界，观日月星辰，看潮起潮落，增长见识，开阔眼界，开阔心胸，并培养自己临危不乱、镇定自若的气魄。

这样，当面对新的学习环境时，就会显得从容多了。

以一颗平常心对待同学间的竞争

竞争无处不在，我们的学习中也充满了竞争，它就像是把"双刃剑"，用好了利人利己，可以大大促进自己的学习；用不好则会误人误己，不仅会阻碍自己的学习，还会影响到同学之间的感情。因此，对于竞争，我们要有一个清醒的认识。

同学之间的良性竞争能激发学生强烈的成就感和进取心，促进学生顽强拼搏，同时也会给同学带来快乐，注入新的活力。要改掉在学习中采取恶性竞争的方式，破坏同学之间友谊的坏习惯。

在一个班级里，学习成绩、文体比赛、劳动竞赛，甚至课余爱好，都会使同学之间产生竞争。但是，在学生的心目中，最普通也最"残酷"的还是学习成绩上的竞争，也就是在考试分数上比高下。本来良性竞争的确是一件很有益的事，但有些同学为了实现这一目标，使用的却是消极竞争的策略。比如，有的同学为了麻痹自己的竞争对手，就在班里故意不学习，装出一副很轻松的样子，但是回家后却加班加点"开夜车"；有的同学把学习上的竞争泛化到与同学的一般交往上，不仅在心里嫉妒对方，而且还会表现出轻视对方的各种言行，甚至有时会在背后诋毁别人。这种消极竞争的做法，其实是一种心胸狭窄、不会学习的表现，是我们学习路上的"拦路虎"，它不仅使我们无法获得真正的友谊，而且也无法吸收、借鉴别人的长处，另外它还会影响我们的身心健康。

积极的竞争应是在一种友好的氛围中进行的，它能够实现自己和同学成绩的共同提高，而不是自己上去了，却把同学踩下来。因此，会学习的同学必须彻底抛弃狭隘的消极竞争，学会积极竞争。

河北省保定市的王玉玲同学于2001年考上清华大学，她就认为，自己之所以能从一个小县城里脱颖而出，在很大程度上得益于自己的竞争对手。"是这些竞争对手不时地鞭策我、激励我，使我在成绩面前不骄傲，在失败面前不沉沦。"

的确如此，在积极的竞争中，人们的自尊需要和自我实现的需要更为强烈，克服困难的意志更加坚决，争取胜利的信念也更加坚定。当你和某一个同学成为学习上的竞争对手时，你的学习目标就会非常明确，课堂中的每一次提问，每一次作业的质量，每一次考试的成绩等，你们都会比一比，从而使你每天的学习目标都很明确，不敢使自己有任何松懈，潜能因此得到了充分的发挥。

同学之间的竞争是不可避免的，那么，我们该如何对待才能既收到竞争的良好效果，又避免竞争可能带来的心理伤害呢？

教育专家们告诉我们，对待同学之间的竞争的正确态度应该是：既不回避竞争，也不盲目竞争——竞争的目的不是压低别的同学，而是提高你自己，它要求我们必须做到如下几点。

1. 借助竞争激发潜力

在竞争的条件下，人们的自尊需要和自我实现的需要更为强烈，对于竞争活动会产生更加浓厚的兴趣，克服困难的意志更加坚定，争取优胜的信念也更加强烈。我们要从主观上认识到这些，树立起一种积极的心态，为了取得竞争的优势，全力以赴，充分发挥自己的能量与创造性。

2. 找到适合自己的目标

竞争的目标应该是有层次性的、多样化的，如果只盯住顶尖的位置，或者只在自己不擅长的方面与人争锋，势必会经常遭受挫折和失败，易使人产生挫折感、失败感与自卑感。所以，我们应根据自己的实际情况，找到适合自己的目标。这个目标不会唾手可得，需要我们付出努力，但又不是可望而不可即的。

3. 学会与自己竞争

从前的你和现在的你肯定不一样，你的将来也不会和现在一样。因此要学会对自己进行纵向比较，看自己哪些方面进步了，还能取得什么进步，这也是一种竞争。而且，这种竞争有助于你正确看待同学之间的竞争。

4. 抱着合作的态度参与竞争

这才是真正的明智之举，不仅获得了竞争的动力，而且避免了对同学采取嫉妒、贬低和仇视的态度，有助于维护同学间的友爱关系及集体精神。

5. 适时的心理调整

当竞争过频或过强时，就容易产生紧张、忧虑、自卑等消极的情绪体验，不利于自己的身心健康。如果出现这样的情况，可以通过适当降低竞争目标、改变竞争对手、转移竞争取向等措施，及时地加以调整，以消除过分紧张的心理压力。

其实，合作与竞争是相辅相成的，只有把两者有机地结合起来，在"比、学、赶、帮、超"的氛围中，竞争双方的学习才能得到最大程度的提高。因此，具体到自己的学习中，一方面是努力超过对方，另一方面也要和同学友好相处，你有问题可以诚心地问他，他有问题来问你的时候，你也应该认真给予帮助，如果两人都不能解决，可以在一块儿研讨。

尽管如此，真正的竞争还是自己与自己的竞争，超越昨天的自己，才是真正的竞争取胜。

总之，我们要正确对待同学之间的竞争，既要保持一种锐意进取的精神状态和斗志，又要保持一颗平常心。让竞争朝着积极、良性的方向发展，并以此来激励和促进我们的学习。

竞争与友谊是并行不悖的，它们并没有本质上的冲突。在与同学的竞争中，我们应向竞争对手伸出友谊之手；同学向我们借笔记或请教于我们时，应给予热情帮助，从而做到彼此激励、相互竞争、共同攀登，形成一个和睦、友好、互助的良好氛围，实现学习的共同进步。

与父母沟通就是在增长自己的智慧

随着年龄的增长，学习压力的逐渐加大，你是否感到烦恼越来越多，而最让你感到烦恼的是与父母的相处。

有些同学就有同感，她说："我外出，父母要管；我交友，父母要干涉。'你的学习成绩在班上排第几名？''你在全年级排名是多少？'简直成了父母的例行问话了。而这恰恰是我最厌烦的问题。在家里，我常常保持沉默，有时候也想与父母好好沟通沟通，可总是话不投机。尤其是与爱唠叨的母亲的谈话往往是以吵架收场，我想尽快改变这一局面，但我不知道究竟该怎么做？"

确实，子女与父母两代人之间由于时代背景、社会背景和文化背景的不同，对同一件事的判断和处理也会不同，当父母还没有习惯让你按你自己的观念和方式处理问题时，摩擦就发生了。一个人的独立人格是渐渐形成的，中小学生，尤其是进入青春期的中学生，在希望自己独立的早期，常会做出一些其实并不准确的判断，而父母希望你不要太幼稚，或用老的方式去管教你，强迫你"听话"，矛盾就不可避免地产生了。

面对相处中出现的矛盾，抗议与罢工绝非上策，化解任何矛盾的最佳办法都是沟通，只要心平气和地坦诚交谈，大家抱着解决问题的心态，全面地交换意见，彼此说明原因，综合各方意见，一般情况下矛盾都能轻易化解。

沟通是打开心灵的钥匙。父母与孩子之间的关系是否和谐、民主，是否能开诚布公，平等交流，给孩子更多自由选择、决定的机会；孩子是否能理解父母的苦心、爱心，这些对孩子的成长都是非常重要的。很多同学的成功都与这一点有很大的关系。

2002 年河北理科特优生赵旭丹同学就认为，良好的家庭环境对自己的学习和做人都起到了莫大的影响。她说："我父母给我的影响不仅仅是学习上的，更重要的是在做人上。上高中以后时间确实很紧，交流的机会并不是很多，但必要的事情我还是要和父母交流，因为父母毕竟有这么多年的阅历。我有的时候晚上 9 点多钟到家，有什么事情就同父母谈，一直谈到十一二点。但是路是要自己走的，可以向父母咨询一下，但要培养自己独立的能力。我父亲做人很正直，有原则性，我母亲非常勤劳，任劳任怨，他们在自己的工作岗位上做得都很出色，这给我很大的熏陶。我父母对我的教育是比较民主宽松的，但也绝不溺爱。他们都有一个原则，就是我应当做什么事，不应当做什么事先都跟我讲清楚，一旦我犯了错，就是明知故犯，就肯定要挨罚，但如果不是这样，他们教育我一般是一种道理上的教育，这是比较民主的。我最感谢父母在人格上给我的教育，因为有的时候怎么做学问，学知识，能学到什么程度，不一定是自己能够决定的，还要有机遇。但是做人方面就不同了，就要看自己想做什么样的人，我想这一点会影响我终生，不管我将来能做到什么程度，我都要做一个堂堂正正的人。"

因此，我们平时无论是生活上、学习上，还是人生发展上有什么问题，都应该多和父母谈一谈，毕竟他们是过来人，有着我们难以比拟的人生阅历，他们的一些建议或意见都会对我们有很大的帮助。如果父母对你的教育方式，你感到难以接受，那么就开诚布公地说出来，和他们好好交流沟通。只要你的方式是积极的，相信父母会理解的，说不定他们还会为你的这些举动和言行而感到惊讶、欣慰呢！

父母的经验是人生经验的总结，不要忽视我们的父母。"阅读"父母，不在于他们知识的多少，只在于他们的人生态度。父母这一代，在走过自己的童年之路、少年之路、青年之路后，已对人生有了更深层次的思考，生活已给他们提供了丰富宝贵的经验。父母对我们的种种告诫和提示，更多的不是出自书本，通常是来自他们真实的生活。常听人说："不听老人言，吃亏在眼前。"话是土了些，却十分准确。寻求父母的支持与帮助，重要的是汲取他们宝贵的人生经验，这是我们少走弯路最可靠的保证之一。

因此，无论我们是在学习上还是生活中，遇到了困难，受到了挫折，都要乐于与自己的父母沟通。只有这样，我们才能更快、更好地解决问题，战胜困难，才能一步步走向成熟，走向辉煌。

每天尽量找一点时间，如饭前饭后和父母谈谈自己的学校、老师和同学，谈谈自己高兴或不高兴的事，让他们分享你的喜怒哀乐。还要创造机会，每周至少跟父母一起做一件事，如做饭、打球、逛街、看电视等，一边活动，一边交流。有时父母忙，难于会面，可以利用书面留言、电话、微信等方式交流。

遇事多与父母讨论，力求达成共识。你如果学习成绩不理想，就应该跟父母谈谈你的学习方法，请他们帮你总结经验教训，采用更有利于提高学业成绩的方法。要是父母担心你迷恋网聊和游戏而荒废学业，你可以与父母讨论，就上网和学习时间的分配达成协议。

站在越来越高的巨人肩膀上

每个人在学习中都不可能做到十全十美，再优秀的学生也会有许多缺陷，因此我们要想提高自己的学习成绩，就必须放低姿态，纠正自恃才高不屑于问或者害怕麻烦别人而不好意思问的坏习惯。

任何东西都不是完美无缺的，就算世上最美的玉石也有斑点，我们每个人也同样有这样或那样的缺点。俗话说，"尺有所短，寸有所长"。我们只有正确认识到自己的缺点，发现别人的优点，才能不断地向别人学习，弥补自己的缺点，发挥自己的长处，取得更大的进步。在学习中，我们越能发现别人的优点，就越能虚心求教，向别人学习。

对于学习做学问而言，如果说"学"占了50％的话，那么另外50％就是问。其实在我国几千年的文化发展史中，许多大学问家对于"问"早就给予了足够的重视。孔子的"不耻下问"，大家想必都非常熟悉，后来还有"有疑而不问，非真能好学者也"等都是对"问"的重要意义的论述。

另外，孔子还说"三人行，必有我师"，这就说明了，其实身边的每一个人都有值得自己学习和请教的地方。所以，我们不要顾忌面子，要多发问，才能够更好地增进自己的知识。即使你是班上某科成绩最棒的一个，你也不可避免地会有一些疏漏，这时不妨请教一下其他同学，这样不仅能够互相提高学习成绩，而且还可以增进彼此之间的感情。

那么，我们该怎样去"问"呢？

首先我们要通过自我提问把问题找出来，比方问"为什么这么做呢？""还有更好的解法吗？"等等，若自己答不出来，就要把它记录在问题记录本上去找别人解答。"问"的另一层含义是善问，许多同学对"问"有心理障碍，其实，我们完全可以利用上课前、课间休息、骑车回家的时间，和同学一起讨论几道题，这样，既能增进交流又可以解决问题。别怕提出简单问题，简单的问题要么蕴含深刻的道理，要么反映了你学习上的缺陷，所以"问"时一定要让脸皮"厚"起来。我们还可以在同学之间开展讨论，这种方式对于解疑是十分有用的。可以设想，即使我们每天只解决一个问题，长期坚持下来，获得的新知识也是无法计算的。北京市 2001 年高考理科状元陈鑫，他在学习过程中特别善于问问题，而且从中获益很大。他认为自己在学习中最大的特点就是好问，爱问问题，有时为了彻底弄懂数学上的问题，他一问就是三四个小时。他说："爱问就能获得知识，接受别人的智慧来提高自己。那时在我们班，老师和同学之间，同学和同学之间，都非常融洽，在这种环境中，我们什么都敢于问，敢于说。我也特别爱问问题，有时问别人是怎么做作业的，从中发现同学好的学习方法。有时考试考得比较差，我就去问老师怎么回事，老师比我有经验，能告诉我哪儿有漏洞，哪儿有不足，然后我就有针对性地学习，提高自己。我主要是通过借他人之力来增长自己之力。"

好问，对于学习是非常重要的。学习中，对于自己的疑问、不懂的知识，一定要敢于问、及时问、认真问，发现了问题，通过别人的帮助获得解决，这就是学习上的进步，就是一种有效的提高。

我们每个人都有自己独特的学习方法，所以同学之间就会有比较大的差异。你要在了解自己特点的基础上，发挥自己的优势，这样才能最大限度地提高自己的能力，缩小和别人之间的差距。

英国大文豪萧伯纳做过一个著名的比喻，他说："倘若你有一个苹果，我也有一个苹果，那么你和我交换一下仍然是各有一个苹果。但是，倘若你有一种思想，我也有一种思想，而我们彼此交流这些思想，那么，我们每个人将各有两种思想。"

这个比喻告诉人们这样一个道理，如果几个人在一起交流自己的知识，就会促进每个人多学到一点东西。通过交流，每个人很可能得到一个，甚至几个"金苹果"。

面对诱惑，要懂得控制自己

在学习和生活中，不良诱惑无处不在，每个人都要不断面对诱惑做出选择，每个人的选择都是有对有错的。有的错误可以慢慢改，但有的错误则会影响人的一生，带来不可估量的负面影响。

生活中充满诱惑，当我们面对诱惑时，最强有力的支持来自自己心灵深处，强而有力的自制力是我们抵抗诱惑的力量源泉。只有强而有力的自制力才能保障我们不迷失自我，不失去努力方向，护送我们到达成功的彼岸。自制力可以说是我们成功的必要条件。

现在的中小学生大都物质条件优越，身边充满了各种各样吸引他们的东西，电视、电影、游戏机、各种动画玩具，特别是网络。如果他们不能正确地对待学习和玩耍的关系，必然会严重影响他们的学习。所以在学习上，加强自制力，自觉抵制不良诱惑是非常必要的。

当然，我们面对的诱惑有强有弱，有的对于我们来说本来便不算是诱惑。当你走进网吧时，努力使自己退出来，你的自制力便增强了一分；当同学让你一起打球而你有安排时，果断地拒绝，你的自制力又增强了一分；你喜欢看电视，那么你就努力坚持让自己一个月不看电视，这样你的自制力就又增强一分。久而久之，虽然会有痛苦、反复，但你的自制力已在不知不觉中养成了。

自制力是我们顺利完成工作和学习、取得成就的必要条件。缺乏自制力的人往往无法取得预期的成功。俄国伟大的文学家车尔尼雪夫斯基说过："一个具有崇高德行的人，能够把吸引他的一切多样的憧憬克服了，使之服从他的主要憧憬。不错，为了这，他必须常常同自己斗争。"刘德威同学在高中学习期间，为了在学习上取得突出的成绩，放弃了很多娱乐和消遣，也适当控制了自己的业余兴趣，把百分之八九十的时间和精力放在学习上。正是把"一切多样的憧憬克服了，使之服从他的主要憧憬"，他才能最终实现考取自己理想大学的梦想。

不管是对我们现在的学习，还是对今后的工作和生活，自制力都起着非常重要的作用，自制力越低，成功的可能性就越小，所以我们必须增强自己的自制力。那么，怎样培养和增强自己的自制力呢？

当今社会，是经济与科技高速发展的社会，竞争充满了社会的各个角落，虽然我们每时每刻都存在着对手，对手也每时每刻都在给我们施加压力，但真正的敌人却是我们自己。我们自身常常成为影响自己成功的最大绊脚石，很多时候，我们失败了，其实并不是因为别的人或者事，而是因为自己拖了自己的后腿。要想最大限度地避免这种情况发生，就要让自己的自制力更强，而要想让自己的自制力不被自己击溃，我们就必须着眼于今天。不管什么事情，今天应该完成的，今天就一定要努力去完成，需要改正的，今天一定要改正。只有这样，每一天都控制着自己，我们的自制力才会一天天增强，才会保障我们的学习和工作能够顺利地向着好的方面发展。

萧伯纳说："自我控制是强者的本能。"如果你想成为学习上或者生活上的强者，那么你就得学会自我控制，坚决抵制各种不良诱惑。

提高自己的控制力抵制各种诱惑，就应该从日常的行为习惯着手，从一件件小事做起。你可以给自己制定一些行为规范，采用量化的方式来自我评估。比如，贪玩的同学可以给自己规定放学后的 1 个小时用于学习，然后才可以出去玩；爱花钱买零食的同学可以规定每天只花 1 元钱；爱随地吐痰、不拘小节的同学应准备好一些手纸，把痰吐到手纸里……每隔一段时间，要回过头检查自己制定的规范执行得怎么样。

内心有阳光，世界就是光明的

拥有阳光般的心灵，是健康的一个重要组成部分。拥有阳光般的心灵，即使世界再黑暗都能看得到希望的光芒；拥有阳光般的心灵，即使世界再冷漠都能融化冰山一角。就像诗人海子说的："健康源于心，积极心态像太阳，照到哪里哪里亮；消极心态像病毒，传到哪里哪里遭殃。"人生的道路是漫长而曲折的，我们想要好好走完一生，就需要如阳光般健康的心灵为我们指引航向，驱逐黑暗。

在生活中，有人总是快快乐乐的，好像总能遇到好事，而有的人则成天愁眉苦脸的，好像做什么都倒霉。其实，在人的一生中，幸与不幸之间仅仅只有毫厘之差，而这毫厘之差往往取决于心态的差别。

牛顿说："愉快的生活是由愉快的思想造成的，愉快的思想又是由乐观的个性产生的。"乐观就像阳光，无形却有力。乐观的人总向前看，即使在乌云的笼罩之下，也不丧失乐观的精神，让心中充满阳光，而这就是让生活更美好的原动力。

语言学大师林语堂先生就是个乐天派，在他整个人生历程中好像全都是快乐、闲适、自然。其实，没有哪个人的一生是一帆风顺的，林语堂先生也是这样。他也会遇到病痛、灾祸、事业挫折和悲欢离合。但与那些悲观的人相比，他更愿意向好处思考，用积极、向上的思想去感染自己。他觉得快乐得自己去寻找。

林语堂先生在《快乐必须自己找寻》中说道："勉强自己以一种与个性不相配合的速度去工作，乃是最足以破坏宁静与造成忧虑的不智之举。应当从事试验，找出一种最配合你需要的速度。一旦决定了最有效的步伐时，便照着这节拍前进，不要随意更改。"这段话给我们这样的启示：无论是谁，无论面对怎样的事情，都要去愉快地选择，只有这样，才能消除压力，解除烦恼。生活中的人们都有压力。在悲观者和乐观者的眼里，同样的压力，却有不同的应对方法和结果。乐观者眼里永远都是朝阳，悲观者眼里则全是阴暗。

顾城有一句诗："黑夜给了我黑色的眼睛，我却用它来寻找光明。"就现实的情形而言，远离悲观的情绪，可以让生命富有朝气，也可以让我们的生活充满活力。人一旦陷入消极的思想，生活就会笼罩着一片暗淡的色彩，而当我们以乐观的心态看待世界，在黑夜中寻找光明，那么生活呈现给我们的将是一片光明。

享誉全世界的科学巨匠霍金，在21岁时不幸患上了卢伽雷氏症，因为肌肉萎缩一生都只能待在轮椅上，而他的全身只有3根手指头能自由活动。

一次，一位记者采访他问道："您不觉得命运很不公平，给您带来这么多的苦难吗？"

霍金用那能动的3根指头敲击电脑的键盘回复道："我不觉得，你看我的手指还能打字。我的大脑思维活跃，我终生的理想都一个一个实现，我还有爱我的和我爱的亲人、朋友，我还有一颗感恩的心，我热爱生活、热爱大自然，最重要的是我有一颗健康的心灵。这些对我来说就是巨大的快乐。"

被称为"宇宙之王"的霍金虽然没有一个健康的身体，但是他有一颗健康阳光的心灵，并且支撑他一直到达幸福成功的彼岸。可见，心灵的健康才是真正的健康，它甚至可以战胜患有疾病的身体，帮助人们获得幸福和快乐。

青少年在生活和学习中也会遇到各种挫折和困境，但是，只要你让心灵充满希望的阳光，那么，你就会看到不一样的世界，一个充满光明的世界。

"我之所以高兴，是因为我心中的明灯没有熄灭。道路虽然艰难，但我却不停地去求索我生命中细小的快乐。如果门太矮，我会弯下腰；如果我可以挪开前进路上的绊脚石，我就会去动手挪开；如果石头太重，我可以换条路走。我在每天的生活中都可以找到高兴的事情。信仰使我能够以一种快乐的心态面对事物。"歌德夫人如是说。

我们青少年应该像歌德夫人一样看待周围的一切。其实，生活中并不缺少快乐，而是缺乏发现快乐的眼睛与心灵。只要我们张开心灵的眼睛，就能从平凡生活的细微之处感受到最真实的快乐与幸福。

因此说，只要心中有阳光，一切困难、病痛、挫折都不是让我们的世界变黑暗的原因。"冬天来了，春天还会远吗？"这句话虽然朴素，却蕴含了深刻的哲理，闪烁着智慧的光芒：没有一个冬天不可逾越，没有一个春天不会来临。当前景不太光明的时候，如果我们试着向前看，就会发现：阳光总是那么灿烂，希望就在自己手中，拥有健康的心态，我们才能在不平坦的人生道路上顺利前行。也只有这样，我们才有可能拥有更好的人生。

第十一章

知行合一，为未来而学

⊙ 学以致用，不做"书呆子"

⊙ 满脑袋的人最终也会满口袋

⊙ 实力比学历更重要

⊙ 学什么都不会白学

⊙ 事是做出来的，不是说出来的

⊙ 绝知此事要躬行

学以致用，不做"书呆子"

美国著名作家马克·吐温说过："想出新办法的人，在他的办法没有成功以前，人们总说他是异想天开。"爱迪生说过："任何问题都有解决的办法，无法可想的事是没有的。"当我们认为一个问题不可能解决时，真正的问题在我们自己本身，由于我们的经验和习惯性思维让我们无法想出高明的解决之道。绝妙的思维是存在的，但它们只存在于惯性思维之外。因此，要想找到解决问题的办法，我们就必须突破思维定式的束缚，从新的视角看世界。

大文豪苏轼曾说："横看成岭侧成峰，远近高低各不同。"的确，任何事物都具有多面性，从不同角度看问题，往往会得到不同的看法。所以，我们在生活中要懂得突破思维定式，从新的视角看世界，才能发现世界的美好。如果我们只会站在自己的角度看问题，那么我们永远不知道别人在想什么。这个世界上，有很多问题，站在自己的角度去思考可能永远不能了解或解决，而换个角度去思考就会发现解决的办法。

有位青年画家想努力提高自己的画技，画出人人喜爱的画，为此他想出了一个办法。

他把自己认为最满意的一幅作品的复制品拿到市场上，旁边放上一支笔，请观众们把不足之处指点出来。

集市上人来人往，画家的态度又十分诚恳，许多人就真诚地发表自己的意见。到晚上回来，画家发现，画面上所有的地方都标上了记号。也就是说，这幅画简直一无是处。

这个结果对年轻画家的打击太大了，他萎靡不振，开始怀疑自己到底有没有绘画的才能。他的老师见他前不久还雄心万丈，此时却如此情绪消沉，不明就里，待问清原委后哈哈大笑，叫他不必就此下结论，换一个方法再试试看。

第二天，画家把同一幅画的又一个复制品拿到集市上，旁边放上了一支笔。所不同的是，这次是让大家把觉得精彩的地方给指出来。到晚上回来，画面上所有地方同样密密麻麻地写满了各种记号。

"哦！"画家不无感慨地说道，"我现在发现一个奥秘，那就是：我们不管干什么，只要能使一部分人满意就够了。因为，在有些人看来是丑的东西，在另一些人眼里却是美的。"

青年画家从此大彻大悟，后来在画坛上也有了一番成就。

对于一个本质相同的问题，从不同的角度去思考和看待，会得到截然相反的答案，这就是事物的两面性。如果被惯性思维束缚，眼前的世界就永远是单一的，也会丧失与人交流的乐趣。突破定式思维，我们将获得另一半的世界。

在这个"没有什么不可能"的年代，青少年应该解放自己的思维，固执和死板只会将你带向平庸。

生活中，青少年该怎么去解放自己的思维呢？

（1）要打破从众定式的束缚，具有"反潮流"的精神。

（2）要打破权威定式的束缚，具有质疑思维。质疑权威需要巨大的勇气和非凡的胆识。质疑的科学态度需要既尊重权威的成果，又敢于超过他们。如果盲目迷信权威，就会扼杀自己的创造力，在权威的光环中模糊自己的主张而停滞不前。

（3）要打破经验定式的束缚。从某种意义上来看，经验在大多数人那里都是一种框框，是一种指导我们"只能怎样怎样""绝不应怎样怎样"的行动手册。经验定式束缚了人的创造力的发展，只有善于突破经验定式的局限，充分发挥大脑的想象力，才能使思维迸发出创新活力。

（4）要打破书本定式的束缚。所谓书本定式，就是认为书本上的知识全是真理，是金科玉律，因而不敢越雷池一步。事实上，知识和真理是要在实践中接受检验和发展的。

作为新时代的优秀青少年，理当有换个角度看问题的意识和能力。这种思维方式不但会让我们从容地面对生活，而且对我们的学习也不无帮助。当遇到难题的时候，我们有新视角、新思维，就可以勇敢地应对，从而做出正确的选择，成就不一样的人生。

满脑袋的人最终也会满口袋

16—17 世纪，英国的弗兰西斯·培根提出了"知识就是力量"的著名论断，他在书中写道："人类知识和人类的权力归于一，任何人有了科学知识，才可能驾驭自然、改造自然，没有知识是不可能有所作为的。"这一论断对资本主义经济的发展起了极大的推动作用。后来经过马克思的阐释，科学知识首先获得了名副其实的"力量"的使命，成为生产财富的手段，为提出科学技术是生产力的科学论断打下了基础。

我们学习的目的就在于应用，真正有用的知识要运用在行动中才能显示出它的重要作用。知识可以转化为力量。如果你学了满腹的知识却不去运用，就像把宝藏埋在了地下。你只有把它挖掘出来，并拿去使用才能体现它的价值。

知识只有在运用中才能发挥它的巨大作用，这也是成功者之所以成功的关键所在。将知识转化为财富，这是所有成功者学以致用的共同特征。我国著名科学家，中国计算机汉字激光照排技术创始人王选认为，只要我们能够将知识装满脑袋，通过实践最终也会装满口袋。

在王选的"照排系统"横扫中国时，方正这家起步于中关村的电脑公司也摇身一变，成为一家极有发展前景的高科技公司。而王选也由一个北京大学教授，变身为方正的"企业管理者"，两个大相径庭的角色，要求的是两种完全不同的人格和素质，王选清楚地知道，自己将接受更加严峻的考验。

1982 年，一位领导告诉王选，很多部门担心激光照排系统的原理性样机不能继续改进并投入使用，因为很多高校的科研成果都只是为了献礼、评奖、评职称，王选不假思索地说："如果仅仅为了报专利、评职称，目的早就达到了。但从一开始我们就是想让中国甩掉铅字。"在北京大学，像王选这样根据市场需求来确立自己研究方向的人，真是少之又少。"他对我们的要求是'顶天立地'，技术要一流，同时做出来的东西要实用。"王选的学生、现方正集团董事兼 CTO 肖建国回忆道，王选确定科研课题前，都会先花大量时间考虑：这个技术演化下去会成为什么样的产品，在市场上会有什么反应；或是现在市场上需要什么产品，我们的技术能不能演化过去，从市场驱动和技术驱动进行双向思维。

聪明的人有很多，而市场头脑正是王选不同于其他教授、用自己的发明造福社会的根本原因。1989 年夏，在北京大学档案馆前的一棵大树下，王选找肖建国谈话，要他转课题，做彩色出版。当时国内的彩色出版物还不多，国际上连研发这项技术的试验设备都还很少，只能根据揣摩和替代设备来研究。两年后，关于彩色出版的成果一诞生就立刻成了世界领先技术。

人们以"当代毕昇"来称呼王选。对于这个评价，有人则认为是一种贬低，因为这等于完全将王选从学者这块剔除来了，成了一个和毕昇一样的匠人。而王选的最大贡献不仅仅是一个匠人的贡献，而是将先进的科学知识转化为巨大的生产力的贡献。我们祖国正需要这样的人才。

作为青少年，我们也不应该总是"两耳不闻窗外事，一心只读圣贤书"，而是应该从书本中走出来。学是为了用，我们要养成学用结合的习惯，更好地发挥知识的作用。

在生活和学习中，我们要学以致用，要坚持活学活用的原则，不能死搬教条，墨守成规。《三国演义》中的马谡熟读兵书，却因街亭失守而被斩，就是不懂活学活用的结果。"纸上谈兵"这个典故中的赵括也是不懂活学活用的例证。

要学以致用，还必须善于思考，在思考中领会知识的精华，吸收知识的养分，化为行动的力量。孔子说过："学而不思则罔，思而不学则殆。"学习真正的成果常从思考中得来。人在学习中要通过深入细致地思考，才能加深理解真知，从而指导我们的行动。

实践不仅能够检验青少年已有知识是正确还是错误，实践中还能产生新的知识。青少年除了在学校学习课本知识，还应该多参加社会实践，投身到社会中去，在社会中学习，这样我们的知识会越来越丰富，以后才能发挥更大的作用，造福人类和社会。

实力比学历更重要

进大学固然可以学到知识，但不能说不进大学就无法学习到知识。学习是自己的事。

有人说，21世纪是一个高科技的时代。也有人说，21世纪是一个知识型经济的时代。但万变不离其宗，21世纪始终重视的是个人的实际能力，这就意味着衡量个人水平的标准，已经不单单是证明受学校教育水平的文凭，在实践中能够不断地更新知识、适应变化、迅速提高的个人实力也同样可以证明。

我们的家长望子成龙的首要目标，就是让青少年朋友上重点中学，然后考上一所好大学。因为这个目标被社会、学校、家庭树立得很高、很神圣，所以能够达到或不能达到就显得区别很大，似乎有天壤之别。对于青少年朋友、父母、老师等相关的人来说，由此造成的压力、紧张、担心、困惑，便无时不有。因为大家都把学历看得太重要了。

其实自己的实力才是最好的"文凭"。这个实力，包括学校学的知识，这是实；还有在实践中磨炼出的才能，这是力。从实到力，从知识到才能，中间还有一段距离。这段距离就是我们将知识用到实践的过程。中国古代思想家孔子说的："学而不行，可无忧与？"学习而不实践，能没有忧患吗？

成功者未必都有很高的学历，但成功者必然都有较强的实力。正如孔子所说："凡智者，或未能行；而行者，则无不知。"著名作家高尔基没有读过大学，但他通过刻苦自学文化知识，并积极投身革命活动，登上了文坛，写出了《我的大学》等许多不朽著作，成了社会主义现实主义文学的奠基人。

对于一个人的发展和未来取得的成就而言，实力比学历更加重要，更具有影响力，甚至是决定性因素。

1917 年夏，刘半农从上海返回江阴老家，由于没有固定收入，只好靠变卖家中物品度日，经常穷得揭不开锅，他的妻子不得不经常到娘家去借贷。就在一家艰难度日的时候，刘半农忽然接到了一封北京大学蔡元培校长寄来的聘书，正式聘请他担任北京大学预科国文教授。一个连中学都没有毕业的人，居然接到全国最高学府发来的聘书，不仅他的妻子难以相信，就连刘半农自己也不敢相信。而这次雪中送炭的机遇，来源于刘半农前不久在上海与《新青年》主编陈独秀的一次会面。那次会面，陈独秀慧眼识珠，不仅看出了刘半农身上的锐气，更看出他是一个可造之才。于是，陈独秀向蔡元培先生大力推荐了刘半农。就这样，一个默默无闻的乡村青年摇身一变，成了全国最高学府——北京大学的教授。

任教北京大学后，刘半农先后讲授了诗歌、小说、文法概论和文典编纂法等课程，与他同时执教的还有钱玄同、周作人、胡适等人。虽然连中学都没有毕业，但刘半农的国学功底丝毫不逊色于别人，而且他长于写作，阅读广泛，备课十分认真，得到了学生的一致认可，不久便在北京大学的讲台上站稳了脚跟，而且无人不知北京大学出了这么一个中学肄业的国文教授。

刘半农先生并没有多好的文凭，他是靠着自身的实力进入北京大学当上国文教授的。因此，我们在评价一个人时不应当看他是从哪个学校毕业的，而应当看他学了些什么，并且能否把学到的东西用于为人类和社会谋福利的事业上。

我们考大学的目的，是获取知识，提高能力，成就人生。这是一个动态的过程，也是一个有很大主观性的过程。每个人学到了什么，学到什么程度在很大程度上是由自己决定的，而不是在什么学校，上了多少年学。文凭对于我们而言，仅仅是一张纸而已，真正有用的东西其实是你在这些年中学到的知识和成长。

在现阶段，虽然在校学习是提高个人实力的最稳定方式。但条条大路通罗马，我们还有很多其他的路可以走，有很多其他的方式提高自己的能力，实现梦想。这显然不是天才们的专利，我们每个人都可以。

我们在这里说"学历不等于实力，学位不等于作为"，并不是否定学历的重要性，而是强调实力比学历更重要。虽然有些单位注重学历，但最终注重的还是实力。没有高学历的人，也不要气馁。只要你有实力，有作为，能为公司创造无可比拟的价值，那么你就是一个受公司欢迎的人。

在这个社会，人是靠实力来说话的，而不是用学历来说话。青少年们要成为一个对社会有用的人，就要努力增加自己的实力，而不是一味地追求学历。学历只是一个历程的证明，没有任何实际意义。也许你们有些人会就读于名牌大学，有些人只能就读于专科高职院校，更有些人面临辍学的危机。但是这都不是最重要的，重要的是你自己的努力，是你自己是否一直在有意识地提高自己的实力。

学什么都不会白学

"学什么都不会白学。"这是北京大学经济学毕业生、现任美诺医疗集团董事局主席兼首席执行官栗亚很朴实的一句话，但是它所蕴含的道理是深刻的——热爱学习，不断学习，广泛学习。这也许就是栗亚对自己学习经历的一种感悟。对青少年来说，积累的知识多了，才会为我们以后的成功之路打下最坚实的基础。

很多人对读书学习，也采用了"有用或无用"的价值论。有的人认为读文科无用，有的人认为学音乐无用，还有的人认为看课外书无用……如此，我们能够学习的知识也就少之又少了。其实，很多学科都是相通的。伟大的科学家爱因斯坦就十分热爱小提琴，他常常通过音乐催化出科学创见和思维火花。在音乐的自由流淌中，深奥的理论物理学有了美妙的旋律。音乐给了爱因斯坦一个和谐美丽的图景，数学又帮他证实这个图景，二者结合起来，就为他的科学理论奠定了坚实的基础。

因此说，只要你热爱学习，学什么都不会白学。可能现在还没有显现出它的功用，但是，等遇到机会的时候，它就会发挥出巨大的能量。

所有知道栗亚教育经历的人，一定会对他有这样的印象，栗亚是一个喜欢学习、擅长学习的人。

谈到读书学习，栗亚反复说的一句话就是"学什么都不会白学"，每样学问都有可能在以后的工作中用上。1969 年，栗亚全家下放到农村。那时候的农村很落后，医疗条件特别差，村民们患病也得不到救治。于是，6 岁的栗亚就开始看一些医学方面的书籍，并且学习了针灸，开始只是在自己身上实验，后来就开始帮周围生病的人治疗，渐渐对医学产生了浓厚的兴趣。

1981 年，栗亚作为吉林省文科状元进入了北京大学经济系。1985 年，他远渡重洋，先后就读于美国波尔州立大学和亚利桑那大学，师从 2002 年诺贝尔经济学奖获得者弗农·史密斯，并于 1992 年取得了经济学博士学位。

1993 年 5 月，栗亚辞去了宾夕法尼亚州葛底斯堡大学助理教授的职位，开始着手创立自己的公司。虽然当初栗亚未能学医，但是，小时候的从医经历和对医学的热爱一直藏在他的心底。

源于对医学的兴趣，1993 年 10 月，一次偶然的机会，栗亚参加了一个医疗产品展销会，发现同类医疗产品都存在缺陷，从而得到了灵感，自己动手画图，亲手设计了一款医用喂食器，很快被市场认可。栗亚成功了。10 年后，栗亚的公司发展成为从事一次性医学器械设计、生产、销售和服务，并通过国际标准化组织（ISO）认证和在美国食品药品监督管理局（FDA）注册的医学产品生产厂家，公司拥有 15 万千米的十万级无菌净化车间和洁净厂房，产品包括 11 大项、50 多种类别和 200 多种规格，客户遍布世界各地。

回顾栗亚的成功之路，我们可以看到，在北京大学4年打下的扎实的经济学基础成为他以后在美国师从名师、研习实验经济学的良好前提条件；9年经济理论的学习赋予栗亚的是严谨理性的思路和高屋建瓴解决问题的能力和方法；小时候积累的医学知识让栗亚最终获得了成功。这正应了栗亚的话，"学什么都不会白学"，每样知识都可能会在人生的奋斗过程中有用武之地。

所谓处处留心皆学问，每样学问都可能在你日后的工作中派上用场。"书到用时方恨少"，广泛涉猎知识、不断充实自己的过程，也是成功的准备过程。这也就是要多读课外书的原因，眼界开阔了，思路自然就会开阔。

苏联著名小说家、剧作家、散文家和文艺评论家康·帕乌斯托夫斯基说过："幸福只属于知识丰富的人。一个人懂得愈多，他就愈能清楚地在那些知识贫乏的人无法发现诗意的地方发现诗意。"

人的一生都离不开学习，只有热爱学习、善于学习的人才能在人生的道路上不断前进，取得成就。当然，学习不只是在书桌边死记硬背，如果为了学习而学习，累得弯腰驼背，不仅是残酷的，而且也是低效率的。学习是快乐的事，要在学习的过程中寻找应有的快乐。而非烦恼。因此，青少年应该多多发掘自己的学习兴趣，投身到知识的宝库中，广泛涉猎，全面积累，才能打下成功的基础。这就像农民在春天播下了良好的种子，等到秋天才会有大丰收一样。

事是做出来的，不是说出来的

"君子欲讷于言而敏于行"，"先行其言而后从之"，"君子耻其言而过其行"，"君子名之必可言也，言之必可行也；君子于其言，无所苟而已矣"，意思大致是保持言与行的一致是君子言行的基本标准。然而，现实生活中能做到言行一致的人并不多见，这可能与每个人的思想不一样，经历不同有关系，但是一个明显的道理摆在我们面前，那就是说得再多都不如有所行动，事情是做出来的，不是说出来的。

在生活中，有很多人喜欢喊口号，而不行动。只说不做，停留在空想阶段，那么空想将永远是空想，不会成为现实。只有我们踏踏实实地做起来，才能让看起来困难的复杂的事情变得简单。还有一种人，就是做出一点成就，就高调示人、到处炫耀。这样沉浸在短暂的成功光环中，不思进取，那最后只能是故步自封，难成大器。夸夸其谈、高谈阔论的人是永远不会成功的。

只有保持谦虚低调的品格，才能使一个人面对成功、荣誉时不骄傲，把它视为一种激励自己继续前进的力量，而不会陷在荣誉和成功的喜悦中不能自拔，把荣誉当成炫耀的资本，沾沾自喜于一得之功，不再进取。居里夫人以她谦虚谨慎的品格和卓越的成就获得了世人的称赞，她对荣誉的特殊见解，使很多喜欢居功自傲、浅尝辄止的人汗颜不已。也正因为受她高尚品格的影响，她的女儿和女婿也踏上了科学研究之路，并再次获得了诺贝尔奖，成为令人敬仰的两代人三次获诺贝尔奖的家庭。

另外，当我们遇到非议的时候，不妨保持低调，做出自己的成绩来，这比所有的辩解都有用，都让人信服。就像林语堂先生曾经就这样化解了一段争执。

一代文豪林语堂年轻时曾在大学任教。他为人幽默，学贯中西，深受学生们的爱戴。然而一向谦和低调的他，却怎么也没想到竟成了一个同事的眼中钉。这个同事对林语堂不仅没有什么好感，而且对其授教方式也大加诟病。原来，此人的思想非常守旧：你林语堂既然身为大学教授，就应该满脸严肃，一本正经地为学生们讲授知识，而不能一边开着玩笑逗得人哈哈大笑，一边传道授业，太不正经了！后来，他把这种成见几乎流露给每一个教职员工，这让林语堂心里很不是滋味。

不仅如此，每当两个人在校园里偶遇时，对方都会把头高昂起来，一脸不屑地从林语堂的身边走过去。然而，尽管对方做得很过分，林语堂也从未去和他争辩什么，而是踏踏实实地工作，尽全力讲好每一堂课。朋友们都很为林语堂打抱不平，嚷嚷着要去帮他讨一个说法。林语堂却摆了摆手，说："我来这是为了教出更多、更出色的学生报效国家，而不是和人吵架斗嘴的。现在去争辩有什么用？是非成败日后自见分晓。"几年后，林语堂幽默而又蕴含智慧的教学方式得到了全校师生的认可和欢迎，而他所教出来的学生大都出类拔萃，而且思想进步，充满朝气。这让当初那个看不上林语堂的同事也不得不承认，林语堂的教学水平的确非常出色，并且自叹不如，后悔当初不该那样冒失地诋毁人家。

林语堂先生没有逞一时口舌之快，而是继续为国家培育充满无限朝气的栋梁讲好每一堂课。当他所做的一切，受到了师生的认可，那位诋毁他的同事也就明白了自己当初那么做是错的。很多时候，我们不应该做一时的义气之争，而应该把目光放远些，低调为人，努力做出一番事业来。

西谚有云，"工作中的傻子永远比睡在床上的聪明人强"，对于正处于学知识长学问阶段的青少年来说更是如此。说得再多，也比不上一个实际行动。要想取得成功，必须做得更多、更好，成功的人永远比一般人做得更好、更彻底。虽然遇事先行动有可能存在各种各样的风险，但是只要在做之前沉下心来思量做的利弊、可行性，那么，我们做事情成功的可能性将会大大提高。

与其在等待中枯萎，不如在行动中绽放，多说不如多做，凡事先干起来总是有好处的。我们不要做口头上的巨人，行动上的矮子，瞻前顾后地等待，口若悬河地吹嘘，永远成不了气候。

绝知此事要躬行

《荀子·儒效》记载："不闻不若闻之，闻之不若见之，见之不若知之，知之不若行之。学至于行之而止矣。行之，明也，明之为圣人。"意思是说，不听不如听，听到了不如看见了，看见了不如知道了，知道了不如实践它。学习到了亲自实践这一步才达到极高的境界。亲自去实践它，弄清了事理就成圣人了。荀子告诉我们，知识只有接受实践的检验，才能成为真知灼见。学习知识的目的在于应用。如果学而不会用，那么再好的知识也是一堆废物。

张岱年先生曾在《做学问的三个基本方法》中，讲到学习捷径中的第二条就是：知与行的统一。他说："明代哲学家王阳明曾讲'知行合一'，知是认识，行是实践，知行合一即是认识与实践的统一。实践是认识的基础，又是判断认识正确与否的标准。王阳明的'心外无物'的唯心论是错误的，但'知行合一'还是正确的。"的确如此，学习知识是为了更好地利用知识，如果有知识而不知道如何运用到实际的生活中，那么拥有的知识就只是死的知识。死的知识不但没有一点益处，有时还可能有害。

要想真正做到知行合一，我们就应加强知识的学习和能力的培养，并把两者的关系调整到最佳位置，使知识与能力能够相得益彰，共同促进，发挥出前所有的潜力和作用。

林芳芳是北京大学支教团的志愿者。2011 年 6 月她还在北京大学未名湖边，和同学们一起享受大学的美好时光。初秋时，她已身处距北京 2000 千米远的青海省大通回族土族自治县，成了一名西部支教的老师。

在狭窄的宿舍内，林芳芳静静地坐在办公桌前备课。在大学里，到青海支教一直是林芳芳的一个心愿。从北京大学外国语学院毕业后，她就立刻来到青海，在大通六中当了一名初中英语教师。"当初选择到艰苦的地方支教，也是为了锻炼自己，让 1 年的支教生活过得充实。"林芳芳说。到青海后，这个浙江小姑娘不太习惯吃面食，但是为了融入学校这个大家庭，她克服困难，改变了一些生活习惯，现在，她还打算自己开灶做饭以节省开销。

"我经常换位思考，回忆自己是学生时希望老师是什么样子，尝试着向学生更喜欢的样子努力。"林芳芳说，"学生时代，有困难了还可以求助老师和父母，现在身为老师，知道什么是责任了，应该更多地去帮助学生了。"

虽然生活上有种种困难，但林芳芳对支教很有信心，"每个班级学生的水平都参差不齐，为了让每一名学生都能有不错的成绩，我有时候也会给个别学生'开小灶'，看到这些学生的成绩有所提高，我心里就会感到很高兴。"

大通六中政务处主任张延平介绍，这已经是北京大学支教团第十三届支教成员了，他们不仅为学校注入了新鲜血液，同时也把北京大学的思想和精神带到了学校，带到了老师和学生当中。"支教不仅给当地带来了改变，也使支教者自身发生了巨大变化。他们不计报酬努力付出，在艰苦的环境中展现了支教团队的风采。"张延平主任说。

　　作为一名学生，林芳芳是平凡的，但是作为一名志愿者，她是不平凡的。通过志愿者行动来到西部支教，不仅为那些渴求知识、渴望走出大山的孩子们带去了希望，也让自己变得更加有责任感和坚强。而这些往往是书本中学不来的。

　　正所谓，"纸上得来终觉浅，绝知此事要躬行"。青少年要想获得真正有用的知识，就不要仅满足于学习书本上的知识，而要走向社会，把书上的知识运用到实践中去，在生活中验证我们在书本上所学得的知识。一边读书一边实践，只有这样我们才能在实践中积累丰富的知识，从而达到学以致用的目的。

　　如果有机会参加志愿者活动，青少年就要踊跃参加，在社会实践中运用所学来帮助其他人。此外，在平时也可以多参加一些实践活动。比如，多参加一些学校举办的辩论赛，这样可以锻炼你的语言表达能力；修理自行车或者坏的钟表、手机，可以让你更透彻地理解物理方面的知识等。有了这些实践，你对书本的知识就多了层实践的体会，这样掌握的知识也就更牢固了。

第十二章

优秀的人铭记一生的 9 句箴言

- ⊙ 自律：懂得约束自己才能突破自己
- ⊙ 责任：有担当才能成就大事
- ⊙ 诚信：和谐人际交往的准则
- ⊙ 尊重：高贵的品质让你更受欢迎
- ⊙ 热忱：哈佛学子成功的首要秘诀
- ⊙ 阅读：贵族化你的气质
- ⊙ 选择：方向对了，努力才有价值
- ⊙ 锻炼：选择两三项喜欢的运动，坚持下去
- ⊙ 感恩：我们原来如此幸运

自律：懂得约束自己才能突破自己

　　1986年，在哈佛大学举行350周年校庆和毕业典礼前夕，校方邀请了当时的美国总统里根前来参加盛典并讲话。里根总统欣然同意，但同时也提出了一个要求，那就是希望哈佛大学能够授予他荣誉博士学位。总统大驾光临，无疑会给学校增辉不少，但是哈佛大学一直以来都坚持以学术水平为授予荣誉学位称号的标准，考虑到让总统享受特殊待遇这一行为有损学校的学术声誉，所以校方拒绝了里根总统的要求，里根总统也因此没来参加此次盛典。

　　在浓烈的政治化和商业化气息的熏染之下，哈佛大学并没有屈服于权威，而是以高度的自律精神保住了自己的学术声誉，更显出了她的伟大。也正因为如此，从哈佛大学走出来的人个个都深知自律的重大意义。

　　所谓自律，是指在没有人现场监督的情况下，一个人也能约束自己的一言一行，自觉地遵循一定的法度或自己的原则。自律是一个优秀人才必备的品质，也是人区别于动物的重要标志，但它并非旨在让一大堆规章或制度把人束缚得紧紧的，而是为了规范人们的言行，创造一种井然有序的环境，为人们的学习、生活争取更大的自由。一个人要想有所作为，必须懂得约束自己，无论遇到什么情况都能担负起自己应尽的责任，坚守自己的原则。

　　有一次，史密斯先生带着6岁的儿子比利去朋友马丁家做客。

　　这天吃早餐的时候，比利一不小心弄洒了一些牛奶。按照史密斯先生所定的规矩，打翻或洒了牛奶是要受罚的，那就是这一顿都不能再喝牛奶，只能吃面包。因此，虽然马丁再三热情地劝比利多喝一些牛奶，可比利就是不肯喝，只吃面包。马丁疑惑地看着他，他这才低下头说："我洒了牛奶，这顿饭就不能再喝牛奶了。"

马丁看了看正在吃早餐的史密斯先生，还以为比利是因为担心受到父亲的责备才不敢吃东西，于是找了一个借口，支开了史密斯先生，然后又拿出好多点心，让比利尽管大胆地吃。可是，比利还是不肯吃，并且一再说："虽然爸爸不知道，但是上帝知道，我不能因为一杯牛奶而撒谎。"

听了小男孩这番话，马丁大为震惊，立刻把史密斯先生叫了回来，跟他说起了这件事。史密斯先生感到非常欣慰，进一步解释说："请你不要介意。他并不是因为害怕我才不喝牛奶也不吃别的东西，而是因为他已经从心里认识到这是约束自己的纪律。"

自律不是为了做样子给别人看，而是为了对自己负责。所以，有没有人监督并不重要。

然而，有些人却意识不到自律的重要性。比如，在职场中，有些员工不但不能遵守企业的规章制度，反而认为它们都只是企业用来约束、管理员工的手段，因此往往对它们持排斥态度，即便他们表面上循规蹈矩，内心深处也有一百个不愿意，在没有监督的情况下，他们就容易违反规定。又如，有些学生在课堂上做小动作，不知错也就算了，反而认为老师过于严厉……

为了杜绝这种情况的发生，给自己创造一个美好的未来，人生具有无限可能的青少年应该学习自律精神，并且立即行动起来，培养自律能力，突破自己。

要想提高自律能力，可以按照以下这五个步骤进行。一是开动脑筋思考。经常思考能够让大脑保持活跃，并能培养一种良好的思维习惯，这有利于你约束自己的言行。二是有效地控制自己的情绪，不要任由坏情绪主宰自己的行为。三是控制自己的行为，使自己的行为规律化，养成"做事有定时，置物有定位"的好习惯。四是强化你的学习或工作习惯。每天做一些必须做但又让自己不那么愉快的事，逐渐增强自律能力。五是挑战自我。选择一项超出你正常水平的任务，全身心投入其中并完成它。只要坚持下去，你会发现自己能够做到的远远超出自己的预期。

责任：有担当才能成就大事

在跟那些优秀的人交流时，你会发现他们身上具有一个共同的特点，那就是具有责任心。他们不但敢于承担责任，而且乐于承担责任。在他们看来，一个人的潜能是无限的，你承担的责任越多，你对自身潜能的挖掘也越深，因而你处理事情的能力也越强。也正因为如此，无论遇到什么样的事情，他们都会尽职尽责地去做。

每个人的行为都会对他人和社会产生直接或间接的影响，因此每个人都必须对他人和社会负责。如果人与人之间互不负责，都不尽自己该尽的义务，那么社会就不称其为社会了。责任心并不主要体现一个人的学识、水平和能力，它更多地承载着人们的人格，体现了人们的价值观和思想境界。它一旦形成，就具有稳定性，能够使人自觉、主动、积极地尽自己的义务。当一个人尽到自己的责任时，他会感到愉快和满足；否则，他会深感不安和内疚。可以说，有了责任心，个人的价值才能得到充分、合理的体现。也只有为自己的行为负责时，一个人才能找回做人的根本，尤其是在犯错误的时候。马克·吐温曾经说过："我们来到这个世界上，是为了一个聪明和高尚的目的，那就是好好地尽我们的责任。"

不仅如此，责任心还是人们成就大事的关键所在。一个人平凡不要紧，只要他掌握成功的关键——敢于担当，能够对自己乃至别人负责，就能够有所成就。在学习中，要认真完成学习任务；在工作上，要尽心尽责地完成上级交代的工作。一旦树立了这样的责任感，你就会发现，以前看起来困难的事情，其实并不算什么。越是认真负责，你得到的就越多。那些事业有成的人，普遍具有强烈的责任感，而且做事态度认真。他们把责任当成自己迈向成功的一段阶梯，坚信只要坚持走完这段阶梯，人生就一定能够迈上一个新台阶。

而那些不负责的人则相反，他们对自己的行为不加约束，做事既没有严谨负责的态度，也没有一个明确可行的规划，所以往往都成了平庸之人。

母亲交给儿子一张清单和一捆米袋子，让他去买米。

儿子到了集市，按照清单找到了大米、小米等许多种米，然后分别将这些米装进了他带来的米袋子里。可是，在装最后一种米时，他才发现少了一个袋子，就少买了一种米。

回到家里，儿子埋怨母亲："你少拿了一个袋子，害得我还要大老远地再跑一趟！"

母亲说："你不是系鞋带了吗？你可以用鞋带将米少的袋子从中间扎紧，这样不就能用另外一边装另一种米了吗？再说了，我给你的钱多少有些富余，你完全可以用剩下的钱再买一个袋子呀！真是死脑筋。"

这个故事看起来说的是儿子是个死脑筋，其实还隐藏着另一种人生哲理，那就是推卸责任不但会丧失创造力，还不能解决任何问题。只有善于动脑筋思考、把解决问题当成自己的责任的人，才能既利己又利人。所以，在遇到问题时，我们不能一味地抱怨、指责、推卸责任，而应该多想想，因为方法总比困难多。

责任感能够帮助我们战胜死亡和恐惧，让我们变得坚强而勇敢。只要我们牢记心中的责任，就能够从中汲取战胜艰难险阻的勇气和力量。只有敢于承担责任，我们的人生才会变得有意义、有价值。不敢担当的人生是苍白的。

美国前总统肯尼迪曾经在其就职演说中强调过责任的重要性："不要问美国给了你们什么，而应该问你们为美国做了什么。"这句对国家负责的话被无数哈佛学子奉为经典，也值得我们青少年铭记在心。

诚信：和谐人际交往的准则

2005 年 3 月 8 日，哈佛大学取消了 119 名申请者的入学资格，理由是在学校发放录取通知书之前，这些申请者利用一个在线申请软件的安全漏洞入侵学校的网站，偷看了录取结果。时任哈佛大学商学院院长的基姆·克拉克对此发表声明说："这种行为是不道德的，严重违背了诚信，没有辩解的余地。无论是任何申请者，一经发现有此行为，都将不予录取。"

学者希尔·菲利普斯说："培养一个诚实的人，远比纵容一个虚伪的高学历人才要严肃、重要得多。"诚实守信是衡量一个人的品质是否高尚的尺子，这把尺子适用于所有人。不仅如此，诚实守信还是一种内在的力量，它能直接发挥作用，能够对人们产生积极的影响。一个诚实守信的人，不但是纯真、健康的，而且对工作、家庭、朋友、社会具有强烈的责任感，因此无论遇到什么样的压力、危难或诱惑，他都能挺过来，使自己的人生变得更加灿烂，同时为他人所信赖。

1835 年，摩根先生成为"伊特纳火灾保险公司"的一名股东，因为这家公司不要求股东必须马上注入资金，只需要在股东名册上签下名字就可以了，而这正好符合摩根先生没有现金却能获益的设想。

可惜天有不测风云，就在这年冬天，纽约发生了一场特大火灾，殃及了一些在伊特纳火灾保险公司投保的客户。按照规定，如果完全付清赔偿金，那么这家保险公司就会破产。因此，股东们个个惊慌失措，纷纷要求退股。

摩根先生斟酌再三，认为信誉比金钱更重要，于是四处筹款，并卖掉了自己的房子，低价收购了所有要求退股的股东的股份，然后将赔偿金如数付给了投保的客户。

这时的摩根先生，虽然成了这家保险公司的所有者，但他已经身无分文，保险公司也濒临破产。无奈之下，他只好打出了一个看似把客户拒之门外的广告：凡是再到伊特纳火灾保险公司投保的客户，一律加倍收取保险金。

不料客户很快蜂拥而至，把伊特纳火灾保险公司的大门挤得水泄不通。原来，自从发生了如数支付赔偿金这件事之后，伊特纳火灾保险公司在人们心目中就成了讲诚信的保险公司的代表，这一点使它比许多有名的大保险公司更受客户的信赖和欢迎。伊特纳火灾保险公司从此崛起。

许多年之后，摩根的公司成为华尔街的主宰。当年那位摩根先生，正是美国金融巨头摩根财团的创始人约翰·皮尔庞特·摩根的爷爷约瑟夫·摩根。

一场突发的火灾曾经使约瑟夫·摩根先生濒临破产，同样也是这场火灾成就了一个大财团的崛起。约瑟夫·摩根先生能够取得这样的成就，无疑得益于他重信誉、讲诚信。

本杰明·富兰克林曾经说过这样一句话："平凡人最大的

缺点就是常常觉得自己比别人高明，因此他们总是抱着投机取巧的心态，大家尔虞我诈，到最后聪明反被聪明误。"尔虞我诈的确是一件吃力不讨好的事，因为一个人一旦撒了一次谎，就需要有很好的记忆去全力记住它，以免露馅，就像马丁·路德说的那样："谎言就像雪团，会越滚越大。"而只要是谎言，就总会有被揭穿的那一天。此外，经常说谎不但会错上加错，还需要承受极大的道德和精神压力。

无论什么时候、什么场合，我们都应该坚守诚信这一基本的道德修养。只有这样，我们才能拥有和谐的人际关系，我们的生活里才会充满阳光，人生也将变得灿烂辉煌。

尊重：高贵的品质让你更受欢迎

一个生命无论多么渺小，都是一条完整的生命，都有活在这个世界上的权利，都应该得到应有的理解和关爱。对一个生命的尊重，也是生命中固有的一部分。

在这个千姿百态的世界里，虽然人与人之间也有着诸多差异，比如家庭背景、生活方式、个性、价值观等，这使得人与人的相处也存在着或多或少的困难，但是无论哪一个人，都是社会的一分子，本质上并没有高低贵贱、智愚美丑之分，大家都是平等的。所以，我们应该消除成见，求同存异，相互接纳，彼此尊重。尊重他人是一种高尚的美德，体现了一个人的内在修养，能够促进人们顺利地开展工作，还可以帮助人们建立良好的人际关系。

一天晚上，刘波和一位同事去火车站送人。把人送走之后，刘波和同事就离开了火车站，向停车场走去。

他们刚走不远，一个蓬头垢面的老乞丐就迎了上来，拦住了他们的去路。同事以为这个老乞丐是来讨钱的，就掏出一张10元的人民币递给了他。但老乞丐并没有伸手把钱接过来，而是瞪了那位同事一眼，然后把目光移向刘波，小心翼翼地说："这位先生，看得出您是一个有学问的人，您能不能给我讲一讲关老爷是怎么死的？"

那位同事听了，觉得这个人分明就是在浪费他们的时间，就想把他推开，却被刘波阻止了。随后，刘波把老乞丐拉到停车场一角的一张椅子上，他自己也坐了下来，然后从吕蒙白衣渡江讲到关羽败走麦城直至遇害，总共说了十来分钟。刘波讲得绘声绘色，那个老乞丐听得津津有味。与老乞丐道别时，老乞丐眼里闪动着晶莹的泪光，对刘波说："谢谢您！我问过好多人，只有您愿意给我讲！"

在回公司的路上，那位同事问刘波："他是疯子吧？"刘波沉默了一会儿，然后回答："也许是吧。不过，他毕竟也是人，只要是人，都值得尊重。"

无论是腰缠万贯的富翁，还是衣衫褴褛的乞丐，都是社会的一分子，他们的人格是平等的，能够意识到这一点，既是对别人的尊重，也是对自己的尊重。

作为社会的一员，每个人的内心深处都渴望得到他人的认可和尊重，但是只有尊重他人，才能赢得他人的尊重。因为人人都有自尊心，你只有满足了对方被尊重的心理需求，对方才会尊重你。从这个意义上说，尊重别人正是在尊重自己。因此，无论一个人的身份和工作多么卑微，我们都不能戴着有色眼镜去看他们，而应该像尊重自己一样尊重他们。一旦养成了尊重别人的好习惯，就能在你和别人之间搭起一架桥梁，进而使双方的心灵能够互通，最终使你更加受人欢迎。

热忱：哈佛学子成功的首要秘诀

有一次，罗宾斯博士去巴黎参加研讨会。开会的地点不在他下榻的饭店，他仔细地看了地图，发觉自己仍然不知道应该如何前往会场，就走到大厅里的服务台跟前，请教当班的服务人员。

这位服务人员是一位五六十岁的老先生，他身穿燕尾服、头戴高高的帽子，脸上挂着法国人少见的灿烂笑容。在得知了罗宾斯博士的烦恼之后，他优雅地摊开地图，仔细地写下路径指示，然后引领罗宾斯博士走到门口，对着马路仔细讲解了前往会场的方向。

他的服务态度彻底改变了罗宾斯博士原来觉得"法式服务"冷漠的看法，他的热情和笑容更是让罗宾斯博士如沐春风。罗宾斯不由得对他生出好感，并向他表达了诚挚的谢意。

老先生微笑着回答："不客气，希望你能顺利地找到会场。到了那家饭店，我相信你一定会满意那儿的服务，因为那儿的服务员是我的徒弟！"

"太棒了！"罗宾斯博士笑了起来，"没想到你还有徒弟！"

老先生脸上的笑容更灿烂了，然后不无自豪地说："是啊，25年了！我在这个岗位上已经工作了25年，培养出无数的徒弟，而且我敢保证，我的徒弟每一个都是最优秀的服务员。"

罗宾斯博士看着他，心里生出一种莫可名状之感："什么？都25年了，你一直站在旅馆的大厅里啊？"接着不由得停下脚步，向他请教他何以能够乐此不疲地做这份工作。

老先生回答："我总认为，能在别人的生命中发挥正面的影响力是一件很过瘾的事。你想想看，每年有多少外地旅客来巴黎观光，如果我的服务能够帮助他们减少'人生地不熟'的胆怯，使他们觉得到了这儿就像在家里一样，因此能够愉快地度过假期，这不是一件非常令人开心的事吗？"

他顿了顿，然后爽朗地说："我的工作是如此重要，许多外国观光客就因为我而对巴黎有了好感。所以我私下里认为，自己真正的职业其实是'巴黎市地下公关部长'！"说到这里，他幽默地眨了眨眼。

罗宾斯博士被老先生的这番话深深地震撼了。从老人那朴实的言语中，他感受到了一种不同寻常的力量。

如果那位老先生没有对生活、工作的热忱，那么他也不会成为一个令游客感到轻松和愉快的人。热忱的力量是无比强大的，它能够促使和激励一个人积极地去做一件事。只有饱含热忱的人，才能激发出自己的活力，使自己不懈地奋进，成为行业的领军人物。

在英文中，"热忱"一词是由"内"和"神"这两个希腊字根组成的，一个人一旦有了热忱，就相当于有神进驻了他的内心，这自然会使他更容易成功。成功学大师卡耐基也曾经说过："一个年轻人最让人无法抵御的魅力，就在于他满腔的热忱。在充满热忱的年轻人眼中，未来只有光明，没有黑暗，他相信人类历史过程中所有的劳作都是为了等待他成为真善美的使者。"历史上的许多巨变和奇迹，不论是社会、经济、哲学还是艺术的研究和发展，也都是参与者100%的热忱成就的。所以说，热忱的确具有一种强大的力量。

一个充满热忱的人，无论目前的境况如何，都会认为自己所做的事是神圣的，并会一丝不苟地完成它。大家要想登上人生的高峰，必须拥有伟大的开拓者的热忱，因为这是成功的首要秘诀。

你也应该把热忱化作前进的动力。当你把热忱一天又一天地注入你的学习、工作或生活中时，你就有了跨越障碍的动力和勇气，能够把自己的心智发挥到极致，最终赢得成功。哪怕现在的你一无是处，但是只要你一直保持热忱，也能创造奇迹。

阅读：贵族化你的气质

随着社会的快速发展，社会知识量急剧增长，但是与此同时，人们的阅读水平却没有得到相应的提高，反而丧失了阅读兴趣，转而关注多媒体等高科技成果。面对这一现状，如果你们希望自己将来能够尽快地融入社会之中，那么你们在学校里就没有晒太阳的时间，而应该把时间花在学习上。学习是一个人认识自己和了解世界的最好渠道，尤其是青少年时期的阅读，对一个人的成长和发展具有重大意义。

书籍之中蕴含着人类千百年来积累下来的智慧，它一点一滴地推动着人类向前发展，是人类进步的阶梯。阅读那些伟大的著作，我们可以进入一个神奇而又美妙的世界，不但能够了解世界、看清自己，还能增长知识，获得我们无法亲身经历的人生体验。毕竟人生是有限的，我们不可能事事都亲自去体验，但是通过阅读，我们却可以游遍古今中外，有效地补充个人经历的不足，让生活变得丰富多彩、乐趣无穷。

此外，阅读还能为我们排忧解难。法国文学家、思想家、哲学家伏尔泰说："当我第一次读一本好书的时候，我仿佛找到了一位好朋友。"阅读一本好书，就相当于在跟伟人"畅谈"，而借此我们不但能够解除自己的忧愁，驱散我们的寂寞，还能在伟人的指引下不断前进。

也许对每一个人来说，好书的定义不尽相同，但是人们在阅读中受到的知识的熏陶却是一样的。哈佛大学的教育经验告诉我们，不读书的人不会有真正的修养。中国的古语也说："腹有诗书气自华。"只有经过书籍的浸润，我们的心灵才会饱满。读书不一定能够改变人生的长度，但是一定可以改变我们对待生命的态度。所以，只要是能够滋润心灵的精神食粮，我们永远都不嫌多！

杰克·伦敦小时候生活贫困，他自己也没有心思上学，一提起学校，他就露出不屑一顾的表情。他整天像发了疯似的跟着一群小混混在旧金山海湾附近游荡，还经常干一些偷鸡摸狗的勾当。

有一天，他一时心血来潮，走进一家公共图书馆，从书架上随便抽出一本书——《鲁滨孙漂流记》，漫不经心地看了起来。谁知他越看越着迷，竟然被书里的内容打动了。虽然他已经饥肠辘辘，但是他却舍不得放下书回家吃饭。直到这时，他才发现自己原来那么喜欢文学，于是他决心当一名文学家。

19岁那年，他进入加利福尼亚州的奥克德中学。他不分昼夜地用功学习，几乎没有好好地睡过一觉。天道酬勤，他也因此有了显著的进步，只用了3个月的时间就学完了中学课程，并且通过了考试，顺利进入了加州大学。

他一直渴望成为一名伟大的文学家。在这一雄心的驱使下，他一遍又一遍地读《金银岛》《双城记》等书，之后就拼命地写作，最终成为美国文艺界最知名的人物之一。

是阅读改变了杰克·伦敦的人生航向，让他找到了自己的人生坐标，也提升了他的气质，使他通过自己的努力由一个小混混成长为一代文学巨匠。

像杰克·伦敦这样的成功人士还有很多。其中有些人甚至没有受过良好的教育，但是他们却热爱读书，通过自己的勤奋好学不断地更新自己的知识，提升自己的素养，最终取得了一番成就。阅读是青少年成才的必由之路，所以必须多读书，不断地开阔自己的眼界、积累知识，在阅读中不断成长，以便掌控好自己的人生之舵。

珍惜自己现在拥有的美好的青春时光，不妨从这一刻起就开始阅读，以便增长自己的知识，开阔自己的眼界，贵族化自己的气质，为将来的成功打下坚实的基础。

选择：方向对了，努力才有价值

并不是付出就能有回报，关键在于你选择了什么。什么样的选择决定什么样的生活。你们今天的生活现状，就来自你们昨天的选择。你们的未来也一样，是由你们今天的选择决定的。每个人得到的机会都是均等的，不同的只是人们的选择。只有方向选对了，努力才有价值。如果方向选错了，必然适得其反；如果什么都想选择，那么什么都不会选择你。

有一个美国人、一个法国人和一个犹太人被捕，他们即将在同一所监狱里度过三年的牢狱生涯。监狱长告诉他们，他可以答应他们每人一个要求。美国人爱抽雪茄，于是要了三箱雪茄。法国人最浪漫，要了一个美丽的女子相伴。犹太人一心放不下自己的生意，于是要了一部能够与外界取得联系的电话。

三年之后，这三个人都服满刑期。第一个冲出来的是美国人，只见他的嘴里、鼻孔里塞满了雪茄，一边跑一边大喊："给我火，给我火！"原来，他忘记要火了。

接着出来的是法国人，只见他手里抱着一个孩子，美丽的女子手里也牵着一个孩子，肚子里还怀着第三个。这个法国人一副愁眉苦脸的样子，因为他这时正在考虑着要如何让自己的孩子长大成人呢。

最后出来的是犹太人，他紧紧地握住监狱长的手，说："感谢你让我拥有一部电话。这三年来，我每天都跟外界联系，因此我的生意不但没有停下来，反而越做越大。为了表示我对您的谢意，我送你一辆劳斯莱斯！"

犹太人的确很有头脑，他选择了适合自己的东西，找对了前进的方向，所以即便身在牢房里，他也依然能够在生意上取得成功。

高尔夫球教练也经常说："方向是最重要的。如果选错了方向，要想成功必定难上加难。"很多时候，虽然我们已经很努力了，可是取得的成绩却不可观，就是因为我们弄错了方向。而一旦选错了方向，那么我们先前的努力就白费了。不过，最糟糕的还不是选错方向，而是选错了方向之后还不知道立刻调整方向，依然盲目地前进。这种漫无目的的奋斗，必然难以有所收获，只会给我们带来更大的损失，甚至使我们从此踏上"不归路"。因此，在做选择之前，我们一定要谨慎。

作为社会未来支柱的青少年，现在面临的主要选择是勤奋学习还是懒散懈怠。学习和游戏、谦逊和叛逆、文科和理科……你选择了什么？你是否感受到了选择的重要性及对你的巨大影响力？当你轻视自己的选择权时，它就真的无足轻重；可当你重视自己的选择权时，它又会变得举足轻重。你只有慎重地做出对你未来有利的选择，并为此而不懈奋斗，才能有一个美好的明天。

毕业之后，青少年还将面临择业等人生选择。面对这种情况，大家不宜徘徊和迷茫，而应该弄清楚自己想做什么、能做什么，然后选择适合自己的职业，并对自己的职业生涯做一个合理的规划。在这个世界上，并没有标准的对与错、好与坏，只要是适合你的，就是最好的，对人生方向的选择也一样。要想有所作为，就必须找到适合自己的人生理想，这就是对的方向。此外，在择业时还要考虑到自己的兴趣和爱好，因为一个人只有在做自己喜欢做的事情时才可以感受到成功的喜悦。

锻炼：选择两三项喜欢的运动，坚持下去

泰勒·本－沙哈尔是哲学和组织行为学博士，近年来专门从事提升个人和组织机构的优势开发、自信心及领袖力的研究，他非常重视运动，提倡学生要加强体育锻炼。

在沙哈尔博士看来，无论是对上班的成年人还是正在上学的学生，都值得进行多样性的体育锻炼，但是障碍在于大多数人都没有时间。这个事实很普遍，很严峻。沙哈尔博士曾经到多所中学做过报告，发现很多学生都不得不去硬着头皮去完成体育锻炼。在大学里，学生们最不常做的事情就是锻炼。学生们的理由大多是："我还有很多更重要的事情要做……""我要考试，压力很大……"

但是，对沙哈尔博士来说，运动却是一种投资。比如，当一个人花了 30 分钟运动，又用 15 分钟冲了一个澡，看上去好像白白浪费了 45 分钟，但是实际上却获得了很多。因为人在经过锻炼之后记忆力会变得更好，创造力水平会得到提升，能量水平也会逐渐上升。从这一点来看，运动显然是一笔收益很大的投资。

医学研究也证明，运动的确具有很大的作用。运动会消耗大量的能量，既能提高心脏的功能，又可以加快血液循环，为大脑提供更多的氧气和养分，使大脑的反应更加敏捷。只要是增氧健身运动，都有健脑作用，其中以弹跳运动的效果最显著，

能够给大脑提供充足的能量，跳绳就是最好的代表。经常进行体育锻炼，不但有助于改善血液循环系统，增强有机体的心肺功能，还有利于人体骨骼、肌肉的生长，改善呼吸系统、消化系统的机能，提高有机体的抗病能力和抗衰老能力，使有机体能够适应内外环境的变化，并能缓解疲劳、陶冶情操，使人们精力充沛地投入到学习、工作之中，同时可以降低人体静止时的心率和血压，减少人体内的脂肪……为了保证身体健康，必须坚持进行体育锻炼。哪怕只是出门走一走、跳一跳、跑跑步，都能够对抗自然界的变化。

相反的，如果不运动，就会给自己带来很多麻烦。比如，白领如果缺乏运动，就会进入亚健康状态，这不仅是在损耗健康，也是在消极地对待自己的工作。如果是青少年缺乏运动，就会导致肥胖、自卑、懒散……对学习的热情也不会提高。相信许多青少年朋友都有这样的体会：有时候由于学习太紧张，我们往往很少主动去参加运动，可是经过长时间的伏案学习之后，我们不但不能取得预期的学习效果，反而会因为脑供血和供氧不足而觉得疲劳、头昏脑涨；还有一些时候，由于其他事情，我们会感到沮丧、困惑或无聊……

沙哈尔博士告诉我们，一旦遇到这些情况，我们就需要停止工作、学习，把那些不愉快的事情全都抛在脑后，去做一些自己喜欢的运动，比如跑步、打球等，到时你将发现情况会改善很多。

自从引入体育课之后，美国伊利诺伊州某区肥胖学生的比例就从总学生人数的30%下降到了3%。

此外，开设了体育课程的学校的教学水平也出现了显著的上升。要知道，美国的学生通常在国际测试中很难获得好成绩，数学、科学测试通常都占第八位，但是伊利诺伊州学生的表现却是个例外，他们取得了数学第六、科学第一的好成绩，让整个美国教育界都感到惊奇。

在接受记者的采访时，这些学校的负责人一致表示，他们这么做并不只是希望学生们在学校里生活得更舒适、更自在，还是为了让学生们一生都健健康康。

从很多方面来看，该区学校的这种做法都取得了显著的成效。相信与其他学生相比，该区的学生以后将更不容易被癌症、糖尿病、心力衰竭等慢性疾病侵袭。

健康的身体是人们进行其他活动的基础和保证，没有一个好的身体，做什么事都会力不从心，所以请大家不要再以没有时间为借口拒绝运动，因为运动是不需要场所、技巧的，只要每天挤出一定的时间，选择两三项适合自己的运动，长期坚持下去，甚至把它当成一种爱好，相信大家一定能够受益匪浅。

感恩：我们原来如此幸运

随着物质生活水平的提高，许多人耽于享受，一遇到磨难就怨天尤人。这样的人没有感恩之心，所以快乐往往也与他们失之交臂。

1941 年，美国以法律的形式规定每年 11 月的第四个星期四为感恩节，提倡人们要懂得感恩。这一点也说明了美国人对感恩的重视。虽然感恩节一年只有一天，但是感恩的心情却是一年 365 天都需要的。有没有感恩之心体现了一个人的人生态度，如果你试着每天都怀着感恩的心面对一切，就会发现生活中不如意的事越来越少，而值得你感激和高兴的事却越来越多。

感恩是一门快乐生活的哲学，它来自对生活的接受、热爱与自信，是一种被放大的爱。拥有感恩之心的人，会呈辐射状回馈命运的恩赐，使这种回馈惠及每一个需要帮助的人。刚开始时，这种感恩之心可能只是一种内在的精神修炼，可是久而久之，它就能令人胸襟广阔，促使人们以各种方式做出有利于他人的举动，而这么做无疑可以协调社会各成员、群体、阶层、集团之间的关系，促进人与人之间的相互尊重、信任和帮助，对社会来说非常必要。此外，这种做法对人们维护内心的安宁感，提高幸福充裕感也是不可或缺的。俗话说，"滴水之恩，当涌泉相报"，也是在告诉人们要知恩图报。只有这样，我们才能融入社会这个大家庭之中，并从生活的一点一滴中感受到不同的喜悦。

在常人看来，命运之神对霍金是苛刻得不能再苛刻了：他在21岁时不幸患上了肌肉萎缩症，口不能言，腿不能站，只有3根手指可以活动……

可即便如此，他仍然感到自己很富有："我的手还能动，我的大脑还能思考，我有终生追求的理想，我有爱我和我爱着的亲友，对了，我还有一颗感恩的心……"

虽然霍金的身体高度瘫痪，但是他依然对生活充满了感激之心，所以他不但取得了巨大的成就，而且一生都既充实又快乐。

而有些人呢，虽然比霍金幸运多了，而且衣食无忧，可是依然抱怨这抱怨那，嫌自己拥有的东西太少。像这种不懂得感恩、只知道索取的人，既体验不到相互给予的快乐，也难以适应社会，甚至会做出危害社会的事，以报复社会对自己的"不公"。

没有无意义的生活，只有不懂得感恩的人。事实上，生活中有许多人都值得我们去感谢：朋友、家人、老师……甚至是敌人。

社会中多一点感恩，就会多一些宽容和理解，少一些指责和推诿；多一些和谐与温暖，少一些争吵和冷漠；多一些真诚和团结，少一些欺瞒与涣散……

一个小镇闹饥荒，镇上所有贫困的家庭都面临着危机。面包师卡尔不但富有，而且心地善良。为了帮助人们度过饥荒，他叫来了小镇上家里最穷的20个孩子，对他们说："你们每一个人都可以从篮子里拿一块面包。以后你们每天都在这个时候过来，我会一直为你们提供面包，直到你们平安地度过饥荒为止。"

　　这些孩子饿坏了，他们听了面包师的话，都争先恐后地去抢篮子里的面包，有的孩子为了得到一块大一点儿的面包，甚至大打出手。只有一个叫格雷奇的小女孩例外，她每次都最后一个去拿面包，而且总会记得亲吻面包师的手，感谢他为自己提供食物，然后才拿着面包回家。面包师见这个小姑娘虽然很小，却懂得感谢自己，非常感动，心想："这孩子一定是把面包带回去跟家人一起分享了，她可真懂事！"

　　这一天，格雷奇像往常一样拿着面包回到家里，把面包放在了妈妈的手上。妈妈掰开面包，谁知竟然有一枚金币从里面掉了出来。

　　妈妈惊呆了，对格雷奇说："这肯定是面包师不小心掉进面包里的，你赶快把它送回去。"

　　格雷奇拿着金币来到面包师家里，对他说："先生，我想您一定是不小心把金币掉进面包里了。"

　　面包师微笑着说："我是故意把这块金币放进最小的面包里的。你是一个懂得感恩的孩子，这块金币算是我对你的奖赏。"

　　人们常说，保持微笑可以延缓衰老，常怀感恩会使我们的心永远充满希望。因为只有怀着一颗感恩之心去生活，我们才能拥有一份理智、一份平和、一份进取，才会懂得尊重劳动、尊重生命、尊重创造，而不至于浮躁、抱怨、悲观，更不会放弃。所以，如果你改变不了世界，就改变自己吧，换一种眼光去看世界，你会发现自己其实很幸运，觉得一切其实都是促进你成长的"清新氧气"，都值得感谢。